Rodrigo Naranjo

APARTADOS
(La máquina de tortura del testigo de los alimentos)
(The Torture Machine: A Witness of Power in Consumption)

Translated by Yoka Naranjo-Rooney

Illustrated by Jorge Opazo

EL SUR
ES
AMÉRICA

Título original/Original Title: Apartados (La máquina de tortura del testigo de los alimentos) (The Torture Machine: A Witness of Power in Consumption)

Segunda edición bilingüe/Second bilingual edition: Mayo, 2021

© Rodrigo Naranjo Cortés
© de esta edición/of this edition: El Sur es América

Editor: Amado J. Láscar
Traducción/Translation: Yoka Naranjo-Rooney
Diseño de portada/Cover Design: El Sur es América
Imágenes de portada/Cover images: Donovan Petri
Diagramación/Layout: Rosario Mejía
Retrato del autor/Author´s Portrait: Yoka Naranjo-Rooney
Ilustraciones/ Illustrations: Jorge Opazo

ISBN: 978-1-7361784-3-0

Editorial El Sur es América, LLC.
Ohio, Estados Unidos
ElSurEsAmerica@gmail.com
www.ElSurEsAmerica.com

A Pilar, a Lawrence y Yoka

Contenido

Introduction   8

Introducción   9

I. Naturalezas Muertas / Nature Morte   19

II. El Faro / The Lighthouse   29

III. Apartados / Apartados   37

IV. Nueva Inglaterra / New England
    (El Laboratorio)   (The Lab)   43

V. Pergamasa / Pergamasa   61

VI. (Sin Nombre) / (Nameless)   73

VII. El Rotor / The Rotor   77

VIII. Hiena / Hyena   103

IX. Rabo de nube / In the Eye of the Storm   107

X. Calibine / Calibine   113

XI. Kasería / Kaseria   119

XII. El Canto de las Ballenas / The Cry of the Whales   123

About the Author   128

Acerca del autor   129

Postscript Thanks   130

Posdata de agradecimientos   131

Introduction

Today, Chile has experienced a massive country-wide confrontation of its people, who are tired of living a life that unfairly divides, setting them against one another based on class, race, or gender, labeling and confining them to a way of life with no opportunity for growth or mobility. In a country where people desire — as do most people who live in "*democracies*" — a life where the basic necessities can be provided for by the State, and where they have the ability to change social policies if that's not the case. They have become tired and are demanding change. Change that includes a structure that will hold accountable those entrusted with positions of responsibility. The hope of many is that rewriting the Constitution will provide a foundation for this change to occur.

Since the end of Pinochet's dictatorship (1973-1989), Chilean democracy has been fueled by an ideology dubbed the "*post-dictatorship*". This is a concept that emphasizes the juridical, economic, and cultural effects still lingering from the dictatorial period, in opposition to the *Transitional theories*. The limitations of the democratic experience are defined by the atavism of the neoliberal structure, which has been imposed and implemented in Chile and many Latin American countries. Contemporary culture, literature, and social criticism in most of South America are still anchored in the experience of dictatorship and colonial intervention and are reaching their limits as their boundaries are being challenged.

Introducción

Hoy en día, Chile ha experimentado una tremenda confrontación de su gente, cansada de vivir una vida injusta que los divide y opone unos contra otros según su clase, raza o género; clasificándolos y relegándolos a vivir modos de vida sin oportunidades para crecer ni mover las barreras que los separan. En un país donde la gente desea — como pasa en muchos países que viven en *"democracia"* — una vida donde las necesidades básicas puedan ser cubiertas por el Estado, y que además las personas tengan la oportunidad de cambiar las políticas sociales. El pueblo se cansó y está pidiendo cambios. Cambios que incluyen una estructura que haga responsables a aquellos que mantienen cargos de poder que deberían estar al servicio de su gente. La esperanza de muchos es que, al redactar una nueva Constitución, se sienten las bases para que estos cambios ocurran.

Desde el fin de la dictadura de Pinochet (1973-1989), la democracia chilena ha sido alimentada por una ideología llamada *"post-dictadura"*. Este es un concepto que enfatiza los efectos jurídicos, económicos y culturales que todavía persisten desde el periodo dictatorial, en oposición a las *teorías de la transición*. Las limitaciones de la experiencia democrática se caracterizan por el atavismo de las estructuras neoliberales impuestas e implementadas tanto en Chile como en otros países latinoamericanos. La cultura, la literatura y la crítica social contemporáneas en la mayor parte de Sudamérica todavía están ancladas en la experiencia de la dictadura y la intervención colonial y están llegando a sus límites a medida que se desafían sus bordes y sus fronteras.

This particular work of my father's called to me because it was short, it had pictures, and he always referred to it humorously as his masterpiece of "the Dreadful Chilean Neo-baroque". It screamed horror to me. Although I haven't always been attuned to the genre, my father made sure that once I had reached an appropriate age (5 or so), that I could experience the world of shadows. I have always had an affinity for the darker side of life, and I felt intuitively that this was something I should engage and experience.

Apartados, first published jointly in Spanish and Portuguese in 2011, becomes an opportunity to participate in a dialogue. To navigate through an imaginary space made from words and images, we must form a language to describe the terms alien to the other, shaping the dialogue, forming the bridge between disparate worlds. The title was the first and final task of translation we undertook. In Spanish , apartados can mean many things depending on the context; to be apart, other, removed, amputated, pushed away, disappeared, estranged, and/or isolated. The name Apartados rings truest to encompass these varied meanings, so I kept the original main title. But the subtitle needed clarification. Initially I went with *"The torture machine of a witness of consumption"* but I realized it lacked the concept of power that the Spanish word *"alimento"* incorporates. Consumption is the process the torture machine perpetuates, fueling itself, gaining power.

---

* In English the word "consumption" refers to the process of eating but it does not includes the power of food.

Mi padre tiene varios libros pero este en particular me llamó la atención porque era corto, tenía dibujos y él siempre lo llamaba con humor "El horroroso neo-barroco de Chile". El libro me gritaba y me producía sensaciones de horror. Aunque no siempre he estado en sintonía con el género, cuando era pequeño mi padre se aseguró que una vez que alcanzara la edad apropiada (más o menos 5 años) pueda experimentar el mundo de las sombras. Siempre he tenido una afinidad por el lado oscuro de la vida, y sentí intuitivamente que esto era algo que debería tratar de abordar y experimentar.

Apartados, publicado por primera vez conjuntamente en castellano y portugués en el 2011, se convirtió en una oportunidad para participar en un diálogo. Para navegar un espacio imaginario hecho de palabras e imágenes debemos formar un lenguaje para describir términos alienígenas dando forma al diálogo y construyendo un puente entre mundos lejanos. El título fue la primera y la última tarea de la traducción. En español, "apartados" puede significar muchas cosas dependiendo del contexto; ser/estar apartes/ separados, ser/estar removidos, amputados, rechazados, desaparecidos, alejados y/o aislados. En fin, decidí mantener el nombre del título original, *Apartados*, para preservar la variedad de sus significados. Pero el subtítulo necesitaba una clarificación. Al principio escogí ponerle: "*The torture machine of a witness of consumption*" pero advertí que a la palabra "consumption" le faltaba el concepto de poder que sugiere la palabra "alimento" en castellano[1] . El consumo es el proceso que la máquina de tortura perpetúa, alimentándose a sí misma e incrementando

---

* En inglés la palabra "consumption" designa el proceso de alimentarse pero no incluye el poder del alimento.

Simultaneously, Apartados are the products and the gears who witness this power, consumed and regurgitated, repeating this unending cycle. In an effort to conserve the purest meaning I finally chose to translate the work as "*The torture machine: a witness of power in consumption*".

After several months of working on the book with my father, sharing many conversations, and getting most of the blueprint down in English, I embarked on a journey across South America with my best friend. We took the opposite route of the '*Gran*' Ernesto Che Guevara and went South through Chile and then back up and across Argentina, continuing even farther into Bolivia and El Perú. *Apartados* traveled with me. I was journeying across each country by foot (mostly by thumb) and performing on the street to make a living. Juggling and acrobatics were my specialty. As I traveled and stayed in many places for the first time in my life, this book accompanied me in my heart, in my thoughts, and in the many conversations with strangers in faraway places. I began understanding the place that this book occupies. Not a place over here or there. It is an in-between place. A voice that comes from within the shadow. A voice that is always with us. *Apartados* is the grey zone of experience, playing with the gradations of retrospective black and white images painted via words on these pages.

It is easy to think that the process of translation is as simple as looking up the definitions of the Spanish words and translating them to English, but anyone

su poder. Apartados son los productos y los engranajes que atestiguan este poder, simultáneamente, testigos y alimentos para la máquina que los consume y los regurgita, repitiendo de nuevo este proceso sin fin. En un intento de conservar el significado más puro, decidí finalmente traducirlo como "*The torture machine: a witness of power in consumption*".

Después de varios meses trabajando en el libro con mi padre, compartiendo conversaciones y poniendo a punto la mayor parte del borrador en inglés, me embarqué en un viaje por Sudamérica con mi mejor amigo. Nos fuimos en la dirección opuesta a la ruta que siguió el "*Gran*" Ernesto Che Guevara y fuimos hacia el sur de Chile partiendo desde Santiago, y atravesamos Argentina continuando aún más hacia Bolivia y Perú. *Apartados* viajó conmigo. Estábamos viajando a pie (mayormente a dedo) y practicaba el arte callejero y los malabares para sostenerme. Mientras viajaba y me quedaba en muchos lugares que nunca había conocido en mi vida, este libro me acompañaba en mi corazón, en mis pensamientos y en todas las conversaciones en lugares lejanos y con extraños que se volvieron amigos. Empecé a comprender más sobre el lugar que ocupa este libro. No se trata de un lugar de "por aquí" o "por allá". Es un lugar entre-medio. Una voz que viene de adentro de las sombras. Una voz que siempre nos acompaña. *Apartados* es la zona gris de una experiencia que juega con las gradaciones retrospectivas de imágenes en blanco y negro, pintadas con palabras a través de estas páginas.

Es fácil pensar que el proceso de traducción es tan simple como buscar las definiciones de las palabras en español y traducirlas al inglés, pero cualquiera que intente

attempting this process will quickly realize the nuances and minute characteristics present in the words, the tone, and especially the style of the writer. The toughest chapter by far was chapter *VII. The Rotor* where my father engineered the words to emulate the sounds of helicopters, marching boots, and the mechanical sounds of an insectary machine grinding its gears. The words in Spanish form this "ra-da-ra-da-ra-da" tempo and sound that was nearly impossible to recreate in English. For this edition I have included short notes to the text when it was necessary to clarify references, characters, or terms unfamiliar to the English readers.

Apartados is a book that paints a dystopian setting, surreal and abstract, yet quite accurate to describe the cultural tear that has occurred in the country. To truly immerse oneself in the experience of *Apartados*, one must make a conscious effort to imagine, and dive deep down into what, even in dreams, we try to avoid at all costs. Here the words become shadows on the page, growing, taking frightening forms that at first seem unrecognizable. But if we observe and take time to really see what is painted before us, the familiarity can plunge us into realities we unconsciously try to avoid, but which can no longer be overlooked.

Through the experience of working with my father, we strengthened our friendship. This bond created the opportunity to dialogue and to understand the experience that was once so foreign to me. It also invited participation from other friends to converse, giving new insights and depth to the writing. Amity and camaraderie can be

este proceso se dará cuenta rápidamente de los matices y las minucias presentes en cada palabra, el tono y especialmente el estilo del escritor. El capítulo más difícil fue el capítulo *VII. El Rotor* donde mi padre había diseñado las frases y las palabras para emular el sonido de los helicópteros, las botas marchando y el sonido mecánico de una máquina insectaria puliendo sus engranajes. En español las palabras forman este tempo y sonido como un "ra-da-ra-da-ra-da" que era casi imposible de recrear en inglés. Para esta edición he incluido breves notas al texto en inglés cuando he considerado necesario aclarar referencias, personajes, o términos extraños a los lectores angloparlantes.

Apartados es un libro que pinta un escenario distópico, abstracto y surreal, pero bien preciso para describir el desgarro cultural que ha ocurrido en Chile. Para sumergirse de verdad en la experiencia de *Apartados* hay que hacer un esfuerzo consciente por imaginar y sumergirse en lo que, incluso en los sueños, uno intenta evitar a toda costa. Aquí las palabras se vuelven sombras, creciendo, tomando formas aterradoras que en un principio parecen irreconocibles. Pero si observamos, y nos damos el tiempo para ver realmente lo que se pinta ante nosotros, la familiaridad puede hundirnos en realidades que inconscientemente intentamos evitar pero que ya no pueden ser ignoradas.

A través de la experiencia de trabajar con mi padre, reforzamos nuestra amistad. Este vínculo nos dio la oportunidad para dialogar y comprender una experiencia que alguna vez fue extraña para mí. También permitió invitar a participar a otros amigos para conversar, dando nuevas perspectivas y profundidad a la escritura. La amistad y la camaradería

understood as the antithesis or the double meaning to *Apartados* and it is what creates the dialectical image. The book is an attempt to stage this dialogue. Encounters with others always create an experience that cannot be anticipated. The Apartados we will meet here do not inspire a traditional friendship like those we hold dear to our hearts, but more like the friends you have to make in order to survive a harrowing experience.

No translation is perfect and this one is far from it, but that is the beauty of writing. Each story is written and rewritten anew. *Apartados* takes on a new skin, but the voice comes from itself. Like a prosthetic limb simultaneously implanted and removed, *Apartados* is a cold shower of self-discovery and a darkening enlightenment.

Yoka Naranjo-Rooney

se pueden entender como la antítesis o el doble sentido de *Apartados* y es lo que crea la imagen dialéctica. El libro es un intento de escenificar este diálogo. Los encuentros con otros siempre crean experiencias que no se pueden anticipar. Los apartados que nos vamos a encontrar no inspiran una amistad tradicional como los amigos queridos que llevamos en nuestros corazones, sino más bien como los amigos que tienes que hacer para sobrevivir una experiencia devastadora.

Ninguna traducción es perfecta, y esta está bien lejos de serlo, pero esa es la belleza de la escritura. Cada relato se escribe y se reescribe de nuevo. *Apartados* adquiere una piel nueva pero la voz viene de sí misma. Como una prótesis simultáneamente implantada y arrancada, *Apartados* es una ducha fría de autodescubrimiento y un oscurecimiento dentro de la iluminación.

Yoka Naranjo-Rooney

I.

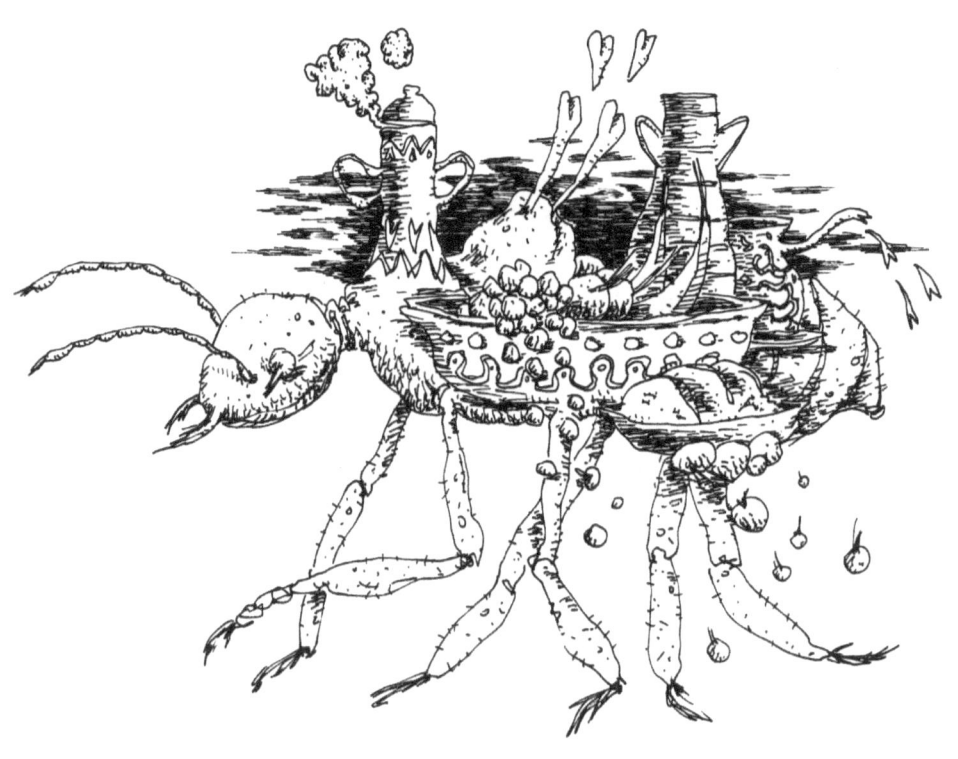

Naturalezas Muertas / Nature Morte

Nature morte, still-life paintings, the so-called silent nature´s landscapes, are the consequence of XVI century attempts to grasp the object in its singular, isolated and nominal forms. As a genre of painting of minor character, such expression of naturalism is not on the same plane as the portrayal of the great historical characters and epics. Still-lifes nevertheless remain, giving way to the organization of numerous collections, motivating costumbristas and observers to establish systems of reciprocation that divided and organized the savage mind. Not an unconscious element coming from the past of civilization prior to modern techniques and the spirit of science; on the contrary, more like the most precise formulation, completed with the arrangement of the markets, the standardization of the stores, and in the auscultation of the banquet tables and the canopies.

Dissections and meters have been made in this respect, looking to prepare a relationship in-between places and situations. Slaughterhouses, bazaars, and the pimps with the blushes of the *Celestina*[1] , tempt and invite us to experiment a sight of a sort – a glimpse down upon well-served tables – the taverns, the scattering of the objects, the partridge and the hunting gloves left by the onerous expense in the confines of the fief. It consists in a nominalist relationship, which inspires the development of the still technique, so as to grasp this

---

1 Translator´s note: Celestina is a key figure of an intermediary woman who connects the kitchen and domestic life with the realm of the body, power and sex; politics, witchcraft and money, laughter and love, the city and the household. All this in the context of the political economy of medieval narrative. Rf. Fernando de Rojas´s *The Celestina: A Fifteenth-Century Spanish Novel in Dialogue*. (1499).

Las naturalezas muertas, los bodegones, las llamadas Naturalezas Silenciosas, responden en el 1600 al intento de asir los objetos en sus formas nominales, aisladas y singulares. Como género de pinturas de un carácter menor, dicha expresión del naturalismo no está en el mismo plano que los retratos de los grandes personajes y las epopeyas históricas. Las naturalezas, sin embargo, permanecen, y han permitido la organización de numerosas colecciones, que motivaron a costumbristas y observadores al establecimiento de sistemas de correspondencias que dividen y organizan el pensamiento salvaje, no como un elemento inconsciente del pasado de la civilización, anterior a la técnica moderna y el espíritu de la ciencia, sino todo lo contrario, como su formulación más precisa y acabada en la ordenación de los mercados, y la tipificación de las tiendas, en la auscultación de las mesas de los banquetes y en las cubiertas.

Disecciones y metros se han hecho al respecto, buscando disponer la relación entre lugares y situaciones. Carnicerías, ferias, y alcahuetas con los rubores de la *Celestina* tientan e invitan a experimentar un tipo de mirada -- un otear las mesas bien servidas -- las tabernas, los desparramos de los objetos, la perdiz y los guantes de caza dejados por el gasto oneroso en los confines del feudo. Se trata de una relación nominalista que motiva el desarrollo de la técnica silenciosa, para asir esta relación de la mirada y los alimentos, produciendo una peculiar complacencia. Se cuenta, por ejemplo, que una vez se fijó una pintura en un muro donde era tal la exactitud del retrato, que con el objeto se confundió, y siendo imposible distinguir al fin, en algún momento,

relationship between the gaze and the aliment, resulting in a peculiar complacency. For example, it is said that once a painting was put on a wall, and the resemblance of the portrait was so accurate that it was confused with the object, and in the end, at some point, when yet not much time had passed by it became impossible to distinguish; the painting was lost from the panel in the wall of the rampart[2]. Pliny the elder, maybe painted that same painting, yet beforehand, a portrait of grapes, grapes so vivid that the birds would come pecking, tearing the cloth. Said confusion is what continues to disturb the connoisseurs when it comes to matters of the artifacts of understanding. Because what is confused and is discovered on that canvas in the folds of its infinite catalogue, referred to by the grammarians of the dictionary of nature, is without a doubt, a singular reunion. One which discloses the condition that affects the view of the grind along with the perishables, a concertation of hypocritical faces along with satisfied smiles, denoting the unusual discovery aroused by the incredulous innocents. A bittersweet flavor, an audacious tempera of plays and ingenious wits, those of which Mallarme was well aware. I guess it will be an arbitrary ground for the founding technique, the empire of the poetry of domains, the damned *paideia* that sprawls out like a chameleon, provoking as well as also providing a convenient method for profiling a sense of the contour and division where earth and the world communicate.

---

2 Translator's note: The phrase "*...the panel in the wall of the rampart.*" plays with three designations or evolutions of the wall. The panel (*muro*) is the thinnest, the wall (*muralla*) a little thicker and the rampart (*paredón*) can be like the wall where shootings or fusillades were performed on enemies of the state or extraneous prisoners. *Paredón* can also represent a courtyard for children to play.

y ya pasado no mucho tiempo, se perdió el cuadro de la muralla en el muro del paredón. Plinio, el viejo, pintó tal vez ese mismo cuadro pero, con anterioridad, un cuadro de unas uvas tan vívidas que los pájaros se lanzaban a picotear la tela. Dicha confusión es la que continúa perturbando a los entendidos en materias de artificios de entendimiento. Porque lo que se confunde y se descubre en ese lienzo, en los pliegues de su catálogo infinito referido por los gramáticos del diccionario de la naturaleza, es sin duda, una reunión singular que destapa la condición que afecta la mirada de la obra y las mercancías, una concertación de las caras hipócritas y también las sonrisas satisfechas denotando el descubrimiento desusado que despierta la inocencia incrédula. Un sabor agridulce, un temple de juegos e ingenios atrevidos del que Mallarmé estaba alerta. Será, supongo, un fundamento arbitrario el de la técnica, el imperio de la poesía de los dominios, la maldita *paideia* que se arrellana como los camaleones, provocando y dando también con un método útil para perfilar el sentido del contorno y la división en que se comunica la tierra y el mundo.

Se plantea con las naturalezas silenciosas, no la distancia ni la neutralidad para con los objetos (y los lentes que disponen la objetualidad en una relación auténtica y propia, como sería la de pretender «una naturaleza para mí»), sino y más bien, una geometría, una bruta razón que caracteriza al espíritu de las últimas fisiologías. En la técnica se trata de buscar la proximidad extremada, que dramatiza el carácter despiadado de la distancia, y la doble negatividad de las mercancías circulando cara a cara. Disponemos de algunas

Consider this; in still-lifes, it is neither the distance nor neutrality with the relationship of objects (and the lenses that dispose the objectivity in an authentic and proper relationship like pretending «a nature for me»), rather, but more so, a geometry, a brute reason that characterizes the spirit of the latest physiologies. This technique consists of the search for extreme proximity which dramatizes the ruthless nature of distance and the double negative of productions circulating face to face. Here we have various layers of free will, of distinct classes of disparities and correspondences which begin establishing artisanal crafts and agrarian assemblage, the leveling of the terrain, the resistance of the bastion, the *measure of the Silva*[3] , and animal cuts, who must deal, yet again, with the same retrograde treatment of brutality, nestled amongst the barbed-wire.

In these Still-lifes, voluptuousness and the decomposition are coupled in a relationship with the cosmos, but a cosmos perceived sluggishly, with patience and parsimony. In plain sight (and within the snipers' view), obligated to simultaneously watch the deterioration and mobility of the culture, cultivated, the fecundity

---

3 Translator´s note: Measure of the Silva refers to the poem of Andrés Bello (1781-1865) *Silvas Americanas*. Bello was a Poet, a Philosopher, a State-man and a literary critic, one of the founders of the Chilean University during the XIX century. Bello wrote the *Silvas Americanas* circa 1820. His purpose was to write a long epic poem titled *America* that was never finished, leaving his famous *Silvas Americanas* as the expression of this effort. He depicts a fragmentary and heterogeneous poem anchoring the foundational enlightened imaginaries of the Hispanic and Chilean Republics. In literary terms *Silva* is a Latin word referring to the forest, the jungle, the park, as well as the garden; in poetry, *Silva* designates a poem of indefinite length, mixing heptasyllabic and hendecasyllabic verses. Measure of the Silva is an ironic expression to remark the survival of a savage language, and an incorrigible grammar that endures as the current ground for the writing of images. Rf. Andres Bello, *Borradores de poesía*. Vol. II. Caracas, 1962.

láminas, de arbitrios, de distintas clases de disparidades y correspondencias que van estableciendo los artesanados, y la reunión agrícola, la ordenación del terreno, la resistencia del reducto, el metro de la Silva, la anidada de los alambres, y los cortes de los animales volviendo a tratar con el mismo trato retrógrado de la brutalidad.

En estas naturalezas, la voluptuosidad y la descomposición se conectan en una relación al cosmos, pero como un cosmos percibido con lentitud, con paciencia y parsimonia. En vista (y bajo la mira del francotirador), se tensa la fecundidad que obliga a mirar simultáneamente la deterioración y la movilidad del cultivo, como tentando a la tentación, se alza, de esa manera, el movimiento inerte y el gesto estéril. Un movimiento conjunto y un saqueo que van repactando con la inercia la dinámica de los juegos, pero en cámara lenta. Se conjetura y se calculan las tiradas y las perspectivas, los detalles planos y los fondos -- comentarios, chismes y secretos -- susurros de pactos, rumores difuminados, nada tan certero como un vago cierto. Una transposición y una sustitución de los pájaros que los reúnen con las uvas en una cita ciega.

Se disponen también, en el detalle de cada momento, el instante del deterioro que llama al parásito y a los insectos, *pasibles del proceso simultáneo*, en que aletean en una vez, la cocina, el basurero, el callejón, y todos los oídos del fresco natural. Uno se pregunta si esto no es acaso un modo empírico del divertimiento de insectos silenciosos que recogen el aspecto positivo de las cabezas diminutas, que no son ninguna en especial realmente pero, que se pierden

becomes tense, in this way the inertial movement and sterile gesture rises, as if teasing the temptation. In slow motion, the dynamics of the games are renegotiated through the inertia by a joint movement and a pillaging. Easy lays and perspectives, calculated and conjectured, details both plain and deep – commentaries, secrets, and gossips – whispers of pacts, faded rumors, but nothing is as true as idle vagrant truth. The birds reunite with the grapes on a blind date, a transposition and a substitution.

The instant of decay names the parasite and all insects, *liable for the simultaneous process*, also arranging in the details of every single moment, the kitchen, the dumpster, the alley, and all the auricles of fresh nature, only to flap about all at once. One may wonder if this is not but an empirical mode of amusement for silent insects, who reap the positive aspects of the diminutive crowns, really none of which are special, but who are lost amongst the flapping multitude of dozens of infinitesimally compact heads with antennas. Then, it can be said that the relationship with sustenance speaks with the mouth filled while emptying the belly, proceeding to compose in each of the invitees a course that quickly progresses from repose to disquiet the understanding. In that moment, the somnolence begins, and just as it appears the invitees are serving the process and going through the act of feeding themselves, the portions begin to reel, and we are left viewing a simultaneous decomposition of the names of the guests: a composite deposition of decompositions. In that instant, neither the meat nor the wine are ripe, sinking the contemplative gaze, the eyes of Colossal the steer plunge. The mouth no longer illuminates nor ruminates; it is the hour, it is the day: *the encounter of the hyenas*.

con el aleteo en una multitud de decenas de pequeñas cabecitas compactas con antenas. Puede decirse entonces que la relación con la comida habla con la boca llena y vaciando la barriga, y va componiendo en cada uno de los invitados, un trayecto que va del sosiego hasta atosigar el entendimiento. En ese punto, comienza la modorra, y cuando ya parecieran los invitados estar sirviendo al proceso y al acto de alimentarse, comienzan a rodar rodajas, y quedamos viendo una descomposición simultánea de los nombres de los invitados: una deposición compuesta de descomposiciones. En ese instante, no está de frutas el vino ni la carne, y los ojos del buey Tamaño se precipitan, hundiendo la mirada contemplativa. La boca ya no contempla ni ilumina, es la hora, es el día: *La cita de las hienas*.

II.

El Faro / The Lighthouse

The Lighthouse has been here since my very own memory. It can be seen from a distance, miles and miles away. Cloaked in moss, it resembles a pole in the middle of the sea. The rocks surrounding the immensity climb up its sides, undaunted by the vertigo. Seeming as if they cling, lighting upon from forever ago. The Lighthouse can be seen from afar, over there, and also in the silhouettes of the distant shores. Surrounding the Cape, by the coast, the boats circumnavigate it. Some veer away until they are almost unable to see a hint of neither a glimmer nor a signal. Nobody bothers to ascend and scale the rocky crags and cliffs to get to the Lighthouse. It is as if it has been here forever, long before hope was born.

The Lighthouse enlightens, executing that certain touch of innocence that also warns all not to get too close to the jagged and sharp bluffs lining its shores. Surrounding it are whirlpools that would drown even the best navigator. The Lighthouse is the signal as well as the warning of night and day. To say clearly what is that of darkness would be a violation. Yet even more clearly, it would be impertinence. The Lighthouse is a pact, a portal between the night and day. It is a threshold during the night and a secret as much as a tombstone during the day. For those who cannot fathom seeing it, it becomes a sepulcher. A candle waiting for the storm to subside. It is a joy to see how the Lighthouse tints the waves in an enraged slumber as they remain like hinges under an open sky.

Here in this place where nobody comes, be it out of fear or guile, time and space are frozen. Gauche stars are shining. The clouds draw, and the mosses, and silhouettes of the forest lengthen, climbing up the hill. The light comes, lighting small bonfires on the stones. The day takes shelter and murmurs, prolonging the revelry of the crabs.

El Faro ha estado aquí desde que tengo memoria. Desde millas y millas se le puede ver. Revestido de musgo parece un poste en medio del mar. Impávido ante el vértigo de la inmensidad, las rocas que le circundan suben por sus costados. Pareciera como si se le aferrasen prendidas desde siempre. Se puede ver al Faro desde lejos, allá, y también en las siluetas de las orillas distantes. Por la costa, rodeando el Cabo, le circundan. Algunos se alejan hasta casi no ver ningún destello ni ninguna señal. Nadie se da la molestia de subir y escalar los peñones y los riscos para llegar al Faro. Es como si hubiera estado aquí desde siempre, desde mucho antes que naciera la esperanza.

El Faro ilumina ejerciendo ese oficio de la inocencia que también advierte que nadie se acerque demasiado a la orilla porque los peñones son puntiagudos y afilados. Hay remolinos donde el mejor navegante se ahogaría. El Faro es la señal y la advertencia de la noche y el día. Decir en la claridad lo que es de lo oscuro sería una violación. En el claro, una impertinencia. El Faro es un pacto, un portal entre la noche y el día. Un umbral para la noche y una tumba y un secreto para el día. Un sepulcro para aquellos que no alcanzan a verle. Una candela esperando que amaine la tormenta. Es una alegría ver como el Faro va tiñendo las olas enardecidas y en reposo que se mantienen como bisagras bajo el cielo raso.

Aquí, a donde nadie viene, sea por temor o por astucia, el tiempo y el espacio se congelan. Relumbran estrellas lerdas. Las nubes dibujan, y los musgos, y las siluetas del bosque que se alarga subiendo el monte. La luz llega encendiendo pequeñas fogatas en las piedras. El día se abriga y murmura prolongando la remolienda de los cangrejos.

The night does not whisper, she screams like a wolf over diurnal heads. The night expands and embraces the murmurs. We can be invisible by day but you cannot be invisible during the night. The Lighthouse is a threshold on which the night illuminates the specter of the invisible. A surge of orifices, lancets and wasps. I ask myself, for how many hours can the tide go on, prolonging? I spend one minute listening to the hum. The next minute trying to distinguish the wasps from large, small, pregnant, warrior or working wasps. One minute more and the wasps extend their insect legs, their antennae, and their eyes that envelop their heads. Another minute and the tide compacts itself, traversing the pores, into the holes of the windows, through the surface of the walls. Yet another minute, and the tide walks, climbing up the iron to perch on the railing. Through the holes I can hear distant laughter. Echoes from dialogues that are none of my concern even though they pass through me. Dreams that pierce me from one side to the other, and then another. The waves burst against the rocks as the Lighthouse approaches, approximating the buzz and smiles as well as the dialogues that do not concern me, as if passing through a door, where part of the door also passes through me.

In the vertigo, there is a wait. In the distance, quite small and fragile, a skiff can be made out. On the other side, the candles of a house flicker. Further away, a ship embarks. The light from the Lighthouse turns everything black; everything that it illuminates becomes obscure and dark. The Lighthouse opens holes all around. The gaps differ in their magnitude, shape, depth and texture. The pits the Lighthouse unveils are fissures before which no one can hide.

La noche no murmura, la noche grita como una loba sobre cabezas diurnas. La noche se explaya y acoge los murmullos. Se puede ser invisible de día pero no se puede ser invisible de noche. El Faro es un umbral en que la noche ilumina el espectro de lo invisible. Una marea de agujeros, lancetas y avispas. Me pregunto, ¿por cuántas horas puede prolongarse la marea? Paso un minuto oyendo el zumbido. Otro minuto distinguiendo avispas grandes, pequeñas, preñadas, guerreros y obreras. Un minuto más y las avispas sacan sus patas de insectos, sus antenas, sus ojos que les cubren la cabeza. Otro minuto y la marea se compacta, recorre los poros, los huecos de las ventanas, la superficie de las paredes. Otro minuto y la marea camina subiendo por el hierro y encaramándose por los barandales. Oigo a través de los agujeros risas lejanas. Ecos de diálogos que me traspasan pero que no me incumben. Sueños que me atraviesan de un lado a otro, y al otro lado. El Faro acerca las olas que revientan en las rocas, y acerca con ellas los zumbidos y las sonrisas y los diálogos que no me incumben como si pasara a través de una puerta y algo de la puerta también me traspasara.

En el vértigo hay una espera. A lo lejos, muy pequeña y frágil, se distingue una lancha. Al otro lado titilan las velas de una casa. Más lejos se va un barco. La luz del Faro lo vuelve todo negro todo lo que ilumina se oscurece. El Faro va abriendo huecos en todo el derredor. Los huecos difieren por su magnitud, sus formas, su profundidad y su textura. Los huecos que el Faro abre son hendiduras ante las que nadie se guarda.

There is a guardian in the tower of the Lighthouse who has no face and who speaks all the languages that dwell at sea. He has resided there since we have had memory. No one ascends, and nobody approaches. Everything that it is illuminated becomes dark. It obscures even the entrails of the foundation, as the sea whispers the same name, "*Apathos, Apathos, guardian of the Lighting House.*"

En la torre del Faro hay un guardián que no tiene rostro y que habla todas las lenguas que pueblan el mar. Está allí desde que tenemos recuerdo. Nadie sube, nadie se acerca. Todo lo que se ilumina se oscurece. Se oscurecen hasta las entrañas de los cimientos y el mar susurra el mismo nombre: *Apathos, Apathos, el Guardián del Faro.*

III.

Apartados / Apartados

«I am alone in front of God»[1]. The victimization, the beatings, the immersions are no longer surplus to the perfection that I have reached, because now I am alone in front of God, and there is no longer any mediation between him and I. Neither the Monseigneur nor the President, not even his Excellency, nor that of his other friend, what was the name of the Captain?

Only I, in front of him where we are together and reunited by a cruelty executed without euphemisms and with no rhetoric, a cold-blooded unkindness like the hands of the torturer. Devoid of pleasure, cruelty is no one's daughter, like I myself, a room apart, cobbled where we reunite forever.

And, even if... (*I should say this with no remorse*) I don´t trust you, I remember every day that we have passed together. Since that very first day when my absences from school and home began, that day when you took me in the car and in the other place, the place apart (*apartado*), I was stripped of any attribute. Almost transfigured into a rag, as a body (*or rather, as the thing that is never called nor named because it is no longer a body*). We arrived at that other place, apartado (*The place apart*), that could be a building and then another.

---

1 Translator´s note: Luz Arce is one of the most emblematic figures of Chilean post-dictatorship. Her testimony El Infierno, was published at the beginning of the nineties and it has been translated into English and German. She was an ex-member of the socialist party who in 1972 worked in close proximity to the inner circle of president Salvador Allende. In 1974, after being detained and tortured she became a collaborator of the repressive forces of the National Direction of Intelligence (DINA), later working in the National Service of Intelligence (CNI). She had personal and intimate relationships with her captors. She was recruited for the repressive forces, and took part in the implementation of the Estate-terrorist practices. In the context of Chilean post-dictatorship, Luz Arce, characterizes many issues and dilemmas of political and historical memory (e.g. genre, class, education, militant memories) as well as martyrdom, treason and abjection. Rf. Luz Arce. The Inferno: A Story of Terror and Survival in Chile.

«Estoy sola frente a Dios»[1] . Los vejámenes, las palizas, las inmersiones no están demás para la perfección que he alcanzado porque ahora sí estoy sola frente a Dios y ya no queda ninguna mediación entre él y yo. Ni la de Monseñor, ni la del Presidente, ni la de su Excelencia, ni la de su otro amigo, ¿cómo se llamaba el Capitán?

Solamente yo frente a él donde estamos juntos y reunidos por una crueldad ejecutada sin eufemismos, sin retórica, una crueldad fría como las manos del torturador. Desprovista de placer la crueldad no es hija de nadie, como yo misma, una sala apartada, empedrada donde nos reunimos para siempre.

Y aunque… (Debo decirlo sin tapujos) no confío en ti, recuerdo cada uno de los días que hemos pasado juntos. Desde el primero en que comencé a ausentarme de la escuela y de la casa, ese día cuando me llevaste en el auto y en el apartado quedé despojada de cualquier atributo. Casi convertida en guiñapo, como cuerpo (o mejor, como la cosa que nunca se dice ni se nombra porque ya no es un cuerpo). Llegamos al apartado que podía ser un local y luego otro.

Nunca vi durante esos años ninguna perversión (de eso sí que hay muchas pruebas). La crueldad es celosa, y despojada de atributos como está, enfría el apartado como una casa que puede tener luces o no.

En el apartado, en el folio, leías. No estaba mi nombre y se me dieron sucedáneos que fueron mudando paulatinamente a medida que pasaron los años. Sentí

---

1 Luz Arce, El infierno.

During those years, I never saw any perversion (*there is a lot of evidence of that*). Cruelty is jealous, and as devoid of attributes as it is chilling, the other place, the apartado, as a house that may have lights or could not.

In the other document, the apartado, in the folio, you would read. There was no name of mine and I was given substitutive names that gradually changed as the years passed by. At some point I felt that I was key and by unlocking the bolt, finally I find myself alone before you, in the place apart (*apartado*) where any occupation immediately returns me to the page of the document where my name is not, and only to you, I say it, with no secrets, with no remorse ... "In the place apart (*apartado*), things are said..." Things like this, as well as how not to say things! Which are finally, the only things that bring us face to face.

The tremors have passed and although I move in circles from one secluded spot to another, it is just to repeat what you have told me, that nostalgia is chilling but not everlasting, and that there is no brotherhood that does not repeat the discovery of a cruelty stripped of attributes, beside you we will be perpetually fraternal.

que en algún momento ya era llave y descorrí el cerrojo y finalmente me quedé sola frente a ti, en el apartado donde cualquier ocupación me remite inmediatamente al folio donde mi nombre no está, y sólo a ti te lo digo, sin secretos, sin tapujos… «En el apartado, se dicen cosas…». Cosas como esta; y, ¡Cómo no decir cosas! Que es finalmente, lo único que nos toca frente a frente.

Los temblores han pasado y aunque circulo de local en local es para decir lo que me has dicho, que la nostalgia se enfría y no es duradera, y que no hay fraternidad que no se repita descubriendo una crueldad despojada de atributos, junto a ti seremos perpetuamente fraternos.

IV.

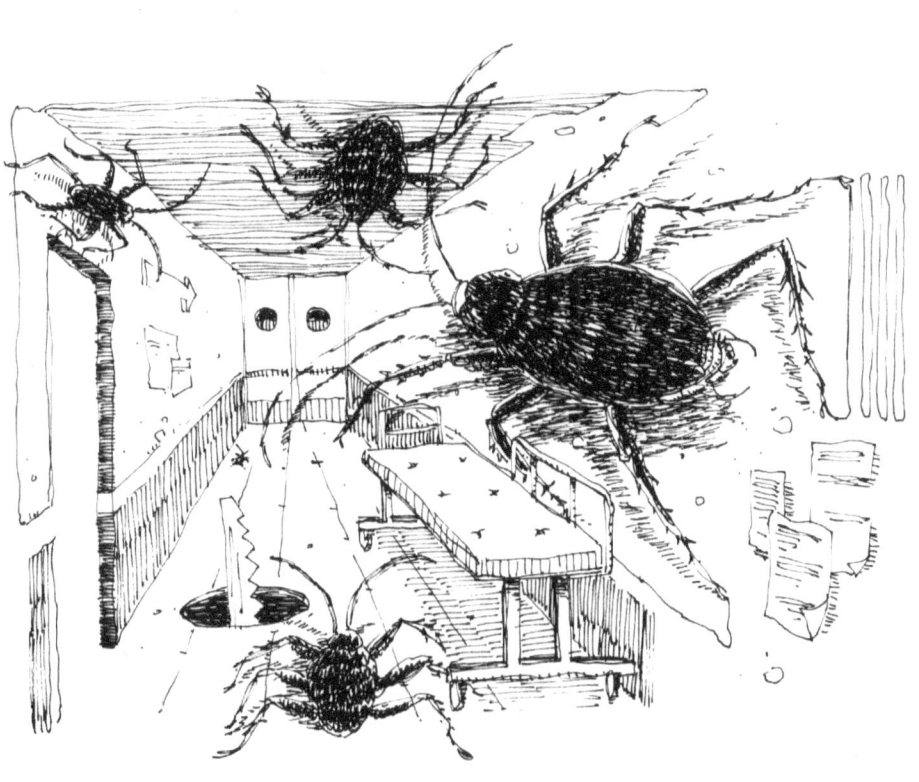

Nueva Inglaterra
(El Laboratorio)

New England*
(The Lab)

«'Not one slave was punished in private', according to observer William Bennet Stevenson, English traveler and historian. The use of torture is not prohibited during interrogations, to the extent that many suspects admitted to crimes never committed: the confession torn forth through violence could forgive the criminal, but nobody thought to incriminate the executioner (a trade like any other). [...] The punishment exceeded a defined and reserved space: this image could be corroborated by public torture (the floggings dilapidated by the executioner "Festive"), the seditiousness of the masters and the condemnations in the main plaza (*Plaza Mayor*)».

Alberto Flores Galindo. *LA CIUDAD SUMERGIDA: ARISTOCRACIA Y PLEBE EN LIMA, 1760 – 1830.*

In plain view the street seems empty, nevertheless they were filled with nooks, hidden chambers, and small spaces that functioned like spots. While a nothingness appeared to happen on the curbs, it was in the interiors that the inhabitants gathered. Everything appears better behind a door, in chambers, in homes. But those enclosures and neighborhoods were also rampant with holes. Rarely do two members meet at the table, in the kitchen, or in the hallways that lead to the quarters. The mold, to put it one way was like a porous pail. The streets, long rectangles stuck to the sponge that had countless trees that resembled statues, immobile.

---

* Translator's note: New England (The Lab) is the title of an experimental ground, depicting the process of inscriptions and erasures of the imagined communities, a parody of the New Spain founded by Spaniards; also, an ironic voice to refer how some Chileans, still today, proudly and chauvinistically call themselves the English of South America. Naomi Klein has popularized this image of the country in her documentary the Shock-Doctrine. This text is one of the first apartados and it was written in between New Hampshire and Santiago.

«'*Ningún esclavo era castigado en privado*', según pudo observar William Bennet Stevenson, viajero e historiador inglés. No estaba prohibida la tortura en las interrogaciones, hasta el punto de obligar a muchos cimarrones a admitir crímenes no cometidos: La confesión arrancada por la violencia podía disculpar al reo, pero nadie pensaba en incriminar al verdugo (un oficio como cualquier otro). (…) El castigo carecía de un espacio definido y reservado: Esta imagen podía corroborarse con las torturas públicas (los azotes prodigados por el verdugo 'Festejo'), la sevicia de los amos y los ajusticiamiento en la plaza mayor».

Alberto Flores Galindo, LA CIUDAD SUMERGIDA: ARISTOCRACIA Y PLEBE EN LIMA, 1760 – 1830.

A simple vista las calles parecían vacías, sin embargo, estaban llenas de recovecos, de aposentos, de pequeños lugares que funcionaban como huecos. Mientras una nada parecía ocurrir en las veredas, era en los interiores donde se reunían los habitantes. Todo parecía mejor tras una puerta, en piezas, en casas. Pero también esos recintos y vecindarios estaban recorridos por los hoyos. Raramente se encontraban dos miembros en el comedor, en la cocina, o en el pasillo que lleva a las recámaras. El molde, por decirlo de alguna manera, era un cubo poroso. Las calles, unos largos rectángulos que se pegaban a la esponja y que tenían muchos árboles inmóviles que semejaban estatuas.

Los que viven aquí se refugian en pequeños nichos, rehúyen las miradas y son completamente extraños a los encuentros fortuitos. Resulta que la idea que uno tiene de esconder (y esconderse) apareja todas las estaciones.

Those who live here shelter themselves in small niches; they avert their eyes from a gaze and are completely estranged from fortuitous encounters. It turns out; the idea that one has to hide (and hide oneself) pairs with all of the seasons. But also, hiding (and hiding oneself) is the means that inhabitants have to contact each other. The families with some lad or lass on the way or another one half-way through, go regularly to school, to church, to the grocery store, and circulate around during the day. The youth visit clubs, sharing news from distant cities. The relationships between them hide in the dusk, and this is important to keep in mind from the beginning, because any form of contact raises the matter of secrecy.

Secrecy is the manner of being in public as if every single person had suddenly turned into numerous secret agents. Arrivals and departures batter the doors of entry. You rarely see two people together leave their own residence. However, often, a healthy relationship looks to invite a third, or a fourth party to share the room, the dormitory, the bed, the nuptial niche, the floor, the hole.

Each couple hides inviting a guest, it doesn't matter in principal, who. It is easier to hide amongst three (or in-between four) than solely between two. The secret is in the congregation. Houses are not only divided in regard to the interior but in the yards, they have forests that also divide the exterior facade, prolonging the cavities that hide the homes also allowing the inhabitants to hide.

Pero también el esconder (y el esconderse) es la manera de contactarse que tienen los habitantes. Las familias con algún chiquillo en camino u otro a medio andar van regularmente a la escuela, a misa, a los negocios de abarrotes, y circulan durante el día. Los jóvenes visitan los clubes y comparten las noticias de las ciudades distantes. Las relaciones entre ellos se esconden en la penumbra y esto es importante tenerlo claro desde el comienzo porque cualquier forma de contacto plantea la cuestión del secreto.

El secreto es la manera de estar en público como si todas las gentes de improviso se hubieran convertido en numerosos agentes. Se baten las puertas de entrada con los ingresos y las salidas. Raramente ves a dos personas juntas salir de su propia residencia. Es frecuente, sin embargo, que una lozana relación busque invitar a un tercero, o a un cuarto, para compartir la pieza, la cama, el nicho nupcial, el suelo, el hoyo.

Cada pareja se oculta invitando a un huésped, no importa, en principio, quién. Es más fácil esconderse entre tres (o entre cuatro) que solamente entre dos. El secreto está en el conjunto. Las casas no solamente se dividen hacia el interior, sino que en los patios tienen bosques que dividen el exterior prolongando los huecos que esconden los hogares y permiten esconder también a los habitantes.

THE HOLES HAVE DEVOURED THE TRADES OF THE SOCIAL CORE. We prostitute ourselves a little, under certain circumstances, in some precincts… And it is not the fact that we do not dispose of the innominate like it used to be in the big capital cities. We have the anonymous in a hole, in a certain way, under certain conditions, without any criticism (although just to be clear, a place like this, so rich, there is no need to say it but none-the-less, is extremely scrupulous).

The holes are surfaces of buccal flesh. They are also the wombs[1]. There is no chance of getting out of a hole because from one we just fall into another and so we go from hole to hole. The whole is a surface of holes and by exploring them we see how they differ by their magnitude, their shapes, and their textures; from that it follows that the holes —just as we consider them a spongy circumference— are also, an aperture. At the base (that's the key idea of every hole), there is nothing. There are ways to hole away in the aperture, the gap, the earring, the lip, the sewage cover. The aperture is the moment of the lair, a commencement, a breaking point or departure[2].

THE DIAPHANOUS TRANSPARENCY can, from a certain point of view be considered otherwise, that is to say an insane

---

1 Translator´s note: The wombs are the carne bucal or Mouth-flesh; implying languages, and mother-tongues.

2 Translator´s note: Partida can mean a departure or a share. In card games, it's a round. It can also include broken "está partida".

※

LOS HOYOS HAN DEVORADO LOS OFICIOS DEL CASCO URBANO. Nos prostituimos un poco, bajo ciertas circunstancias, en ciertos recintos... Y no es que no dispongamos del anonimato como solía ser en las grandes capitales. Tenemos el anonimato en un hoyo, de cierta manera, bajo ciertas condiciones, sin ningún escrúpulo (aunque por cierto, un lugar rico como éste, está por demás decirlo, extremadamente escrupuloso).

Los hoyos son superficies de carne bucal. Son también los vientres. No hay posibilidad de salir de un hoyo porque de uno se cae a otro y así nos la pasamos de hoyo en hoyo. Todo es una superficie de hoyos y al explorarlos vemos que estos difieren por su magnitud, sus formas, y su textura; de lo cual se sigue que los hoyos – tal cual los consideramos como una circunferencia esponjosa – son también, una apertura. Al fondo (tal es la idea de todo hoyo), no hay nada. Hay modos de hoyar en la apertura, el boquete, el arete, el labio, la tapa de la alcantarilla. La apertura es el momento del escondite, un comienzo, una partida.

※

LA DIÁFANA TRANSPARENCIA puede, desde cierto punto de vista, ser considerada como todo lo contrario, es decir, como una insana articulación de la misma transparencia. Monótona secuencia de rutinas de un espíritu de mansedumbre y castración erigido por lo que en el pueblo aparece como ausente, superado y olvidado. En ciertos lugares, llegando a estos días, hay cosas que

articulation of the same transparency. Monotonous sequences of routines of a spirit of subordination and castration erected by what within the people appears absent, separated and forgotten. In certain places, arriving to these current days there are things that copiously lack in name, certain elements or residues that have no reference and it is not known how to refer to them – *lapses* that motivate the customary. However, it is not the dual condition of the towns' perspective strange and normal (visibly manifested in the envisioned accident) what really shows you its' singularity, but the fact that through the trespassing of the transparency to put it as a finite thing, a past already happened, attained and disappeared, flaccid and used, and hence, not sufficiently transparent, not dissolving enough.

It is through indifference that you arrived at this new abode, site of experiments, dissection and dismemberment: This leg is rotten. Populated with germs, worms and mold. It has been cut with a saw. A tumor was removed from the medulla for ulterior studies. The marks on the thigh, the sole of the feet, and the lesions in the ankles were burned in by cigarettes. The tumor (benign as we will come to see) was used to create new bacterial transmitters. Once the subject was removed from its' member we then cauterized the wound, although this procedure could not evade the *Dismembering effect*: a division from which the cripple never recovered, making it necessary for the implantation of a prosthesis, beginning with the deformation of the spine and the respiratory apparatus. We then placed him in a vat where he spends the most part of the day swimming like a fish assisted by an oxygen tank.

carecen de nombre, elementos o residuos que no se sabe cómo referir – *lapsus* que motivan la costumbre. No es, sin embargo, la condición dual de la perspectiva del pueblo extraño y normal (al alero del accidente previsible) lo que realmente te mostrará su singularidad, sino el hecho de traspasar la transparencia para ponerla como una cosa caduca, ya advenida y sucedida, fláccida y gastada, y por ende, no lo suficientemente transparente, no lo suficientemente diluyente.

Es por la indiferencia que llegas a este nuevo aposento, sitio de experimentos, disección y desmembramiento: Esta pierna está podrida. Poblada de gérmenes, gusanos y hongos. Ha sido cortada con un serrucho. Se le removió un tumor en la médula para estudios posteriores. Las marcas en el muslo, la planta, y las llagas en los tobillos fueron hechas con cigarrillos. El tumor (benigno como se verá a continuación), fue usado para crear nuevos transmisores de bacterias. Una vez que el sujeto fue removido de su miembro se le cauterizó la herida, mas eso no pudo evitar el *Efecto Desmembramiento*, que es la división de la que el inválido jamás se recobró haciendo necesaria la implantación de una prótesis, que comenzó por deformarle la columna y el aparato respiratorio. Lo colocamos en un estanque en donde pasa la mayor parte del día nadando como un pez asistido con oxígeno.

HYPOTHESIS OF THE FISH AND THE CONCH. By releasing the determinations of the strength of the body constrained, we see a manifestation in the organs of a recollection. In this recollection of the members, inertia shows itself to also have the quality of a movement. The inertia is a dynamic in which the force persists leaving behind a ray of light illuminating the heart of the power that the arrested members have.

This arm seemed completely healthy, with a musculature entirely in shape and a scar almost completely erased; however, it had to be removed from the patient, product of the organs inconsistent growth. So, we cut it off and we put it in a jar. The patient suffered, a cause of this unpredictable growth, a deformation of the clavicle which ended up obfuscating her traquia. We connected her to an oxygen tank and let her swim in the pond along with the cripple.

Having pretended to determine cold by degrees in nature it was to take the knife by the blade.

The cold has no grade, maturing only once we have seen the warm, the prudent, humorous and the discrete pass by. Enduring as the outskirts of the tempest where the temperate pass. Cold is the distance that has the temperament of intemperate margins. The one that freezes and belongs to the order of the happened. The still moment of the *here* nesting

HIPÓTESIS DEL PEZ Y LA CARACOLA. Al soltar las determinaciones de la fuerza del cuerpo constreñido, vemos manifestarse en los órganos un recogimiento. En este recogimiento de los miembros la inercia muestra como también tiene la cualidad de un movimiento. La inercia es una dinámica en que la fuerza persiste dejando un haz que ilumina la médula de posibilidades de los miembros arrestados.

Este brazo parecía completamente sano, con una musculatura en regla y una cicatriz casi completamente borrada; sin embargo, tuvo que ser removido de la paciente producto del crecimiento desmesurado del órgano. Se lo cortamos y lo pusimos en un frasco. La paciente sufrió, como producto de este crecimiento desmesurado, la deformación de la clavícula, que terminó por obturarle la tráquea. Le conectamos un tanque de oxígeno y la pusimos a nadar junto al inválido, en el estanque.

Haber pretendido determinar el frío por grados en la naturaleza fue tomar el cuchillo por la hoja.

El frío no tiene grado, madura una vez que hemos visto pasar a los tibios, a los prudentes, a los graciosos y discretos. Perdura como la intemperie donde los tibios pasan. Fría es la distancia que tiene un temperamento de intemperie. La que congela y pertenece al orden de lo sido. El suspenso del *ahí* anidando en el *ahora*. Despiertan

in the *now*. Awaken the ambivalences, the ambiguity and the indifference. The cold abounds in misunderstanding itself from what it freezes making of the shelter of the happened a frozen pass that freezes also the freezing. Forgetful, and unworthy it takes us back like snow on the track, wounded frost, nerves fed by their lacerations, all while knowing that you belong to a precinct that is an abyss in which the wolves don't howl or protest, and the air is opposite to ethereal.

The cold stubbornly forms coincidences from which cold metaphors, and plethora are born, confusing if we consider that the shelter is exposed and getting on, fitting into its medium making ambivalent coincidences flourish. Why is the constancy of chance so cold when before destiny? Cold, flesh of the world, in that I do not care for the neglect which is cared for basks. In that never mind, there is a deformed puzzle, always alive, do you see it? You are already all ice, like a shitty landmark that goes on with the curves, meanders, pits and the most primitive breaths of encouragement for yourself. May the names of the cold things rest, vernacularly inland. No epitaphs nor abstractions, clearly. Everything is stopped still. What! Of what is stopped: windbreaker, lightning rod, no more. We are at the order of metaphors with no temperature. In between a cold sense and a wounded world there is quite a bit of cold to share. We come back to the zero degree; the Ice Age has just begun.

ATROPHY IS VAST. It has a beginning in the bodys, but its ends are uncertain. Multiple ends, multiple beginnings. Oxymoron of object and the subject, the atrophy, nevertheless objective. It attaches itself like a mollusk to the rocks and

las ambivalencias, la ambigüedad y la indiferencia. El frío abunda en desentenderse de lo que congela haciendo del refugio de lo sido un paso que va congelando también lo congelado. Olvida y desdice como nieve sobre huella, escarcha herida, nervios alimentados por sus desgarraduras, a sabiendas de que perteneces a un recinto que es un abismo en que los lobos no se quejan y el aire es todo lo contrario a lo etéreo.

El frío empecina las coincidencias de las que nacen frías metáforas, plétoras, confuso si consideramos que el refugio está expuesto y calza con su medio haciendo salir coincidencias ambivalentes. ¿Por qué será tan fría la constancia del azar frente al destino? Frío, carne del mundo, en ese no me importa se cuida el descuido de andar asoleándose. En ese no me importa hay un puzle deforme, siempre vivo, ¿ves? Ya eres todo de hielo como un mojón dando con las curvas, los meandros, los fosos y el aliento más primitivo de ti mismo. Descansan los nombres de las cosas frías, verbo tierra adentro. Ni epitafios ni abstracciones, claro. Todo está parado. ¡Qué! De lo que para: Para viento, pararrayo, no más. Estamos en el orden de las metáforas sin temperatura. Entre un frío sentido y un mundo herido queda mucho frío compartido. Regresamos al cero grado, la Época Glacial recién comienza.

LA ATROFIA ES VASTA. Tiene un comienzo en los cuerpos pero su fin es incierto. Múltiples fines, múltiples comienzos. Contrasentido del objeto y del sujeto, la atrofia, sin embargo, *objetiva*. Se pega como un molusco a las rocas y dejan de

the cars, the football players, and the dancers all cease to function. The elderly change their patient mood and their face is no longer the amicable absence that retires beforehand. The cats and dogs leave, they do not answer to the screams of the boy that calls them. What could be the atrophy of the calling? To persist in not answering, and by not responding, to answer? The song of the bird becomes atrophied as do the fruits of the tree, ripe, the roots dry out. The atrophy develops through excess of growth or by insufficiency, by water and by earth. The links we establish go beyond the decadence of the group reunited. And it will come, certainly, like the blood of the dead bull in the bullfight when the children boo at the matador. Atrophy goes along detaining, slowly, one movement with another – and the scene of the butchery is in suspense, and the situation calls upon atrophy like the insect to the trunk, and like the saw to that same trunk: called upon by their wounded side. The atrophy, a dynamic, a fluctuating point that depends on the perspective of decay (and from the bodies connecting themselves into an *in-deca-being*[3]). Dynamics of atrophy: suffocation, accidie, anorexia, bulimia. However, it is remarkable how an atrophied mechanism is virtually replaceable (for example by a prosthesis). In addition, there are also degrees of possible replacements (and others, virtually impossible). The *lapses* would be the organization of cycles of retreats, withdrawals, and dismemberments, by which every member mentions themselves estranged and alienated, and in this form they take root in their uprooting. The atrophy speaks of the life of

---

3 Translator´s note: En-deca-eres could be in deca like in ten or in deca-logue or decade, in-deca-you are.

funcionar los automóviles, los futbolistas, las bailarinas. Los ancianos cambian su paciencia y su rostro no es la amable ausencia retirándose de antemano. Los gatos y los perros se largan, no responden a los gritos del niño que los llama. ¿Qué sería la atrofia del llamado? ¿Persistir en no responder, y no respondiendo, responder? Se atrofia el canto del pájaro y los frutos del árbol maduro, las raíces se secan. La atrofia se desarrolla por exceso de crecimiento o por insuficiencia, por agua y por tierra. Los vínculos que establecemos van más allá de la decadencia del conjunto reunido. Y vendrá, es cierto, como la sangre del toro muerto en la corrida cuando los niños abuchean al torero. La atrofia va deteniendo, lentamente, un movimiento con otro -- y la escena de la carnicería está en suspenso, y la situación llama a la atrofia como el insecto al tronco, y como el serrucho a ese mismo tronco: Le llama por su costado herido. La atrofia, una dinámica, un punto fluctuante que depende de la perspectiva del decaer (y de los cuerpos conectándose en-deca-eres). Dinámicas de la atrofia: El ahogo, la abulia, la anorexia, la bulimia. Es destacable, sin embargo, cómo un mecanismo atrofiado es virtualmente reemplazable (por una prótesis por ejemplo). Hay además, grados de reemplazos posibles (y otros virtualmente imposibles). Los *lapsus* serían la organización de ciclos de retiradas, recogimientos, y desmembramientos, por los que cada miembro se menta sin lugar, y de esa forma arraiga su desarraigo. La atrofia habla de la vida de un cuerpo ausente que persiste en la proximidad, y se aproxima, se acerca, se precipita, y su efecto, nos dispersa. Del lado de la partida, la atrofia sitúa una dinámica de cruces en que no coincidimos con uno, ni con dos, ni con tres, ni con cuatro. La atrofia reúne

a body, absent that persists in proximity, and it approaches, closing in, hastening its fall, and its effect disperses us. On the side of the division[4] , atrophy situates a dynamic of intersections where we do not coincide with one, nor two, neither three nor four. The atrophy reunites elements to connect them with those that exceed them. In this excess which appears to lean out of a new layer of skin, endures the earth that the gravedigger troughs upon us. Atrophy is the wealth of the gravedigger. Today we cannot say the last, save for and only simply the vestiges left by the members traversing their course, their recollection, and their own path.

But what is the meaning of this demonstration? Atrophy of the truth? And speaking like this, certitude of the same speech? Splendor of a wave of devastation veiled, finally revealing itself? Is there any truth in atrophy or solely expressions of the history of the truth? And what can be said of the mute expression, and the atrophy, morphing? A true story of stagnation!

«SECOND HYPOTHESIS OF THE FISH AND THE CONCH». In the case of the amputated (that continue to feel the presence of the removed organs) atrophy is the dynamic of the missing organ that nevertheless still persists. Not only the cripples, yet the removed organ as well, remembers them, inorganically.

---

4 Translator's note: Partida can mean a departure or a share. In card games, it's a round. It can also include broken "está partida".

elementos para conectarlos con aquello que los excede. En este exceso en que pareciera asomarse una nueva capa de piel, perdura la tierra que nos echa el panteonero. La atrofia es la riqueza del panteonero. Hoy no podemos decir lo último sino y simplemente el vestigio que queda de los miembros recorriendo su curso, su recogimiento, su propio camino.

¿Pero qué significa esta demostración? ¿Atrofia de la verdad? ¿Y hablar así, certidumbre del mismo hablar? ¿Esplendor de una oleada de devastación que se vela y se muestra? ¿Hay verdad en la atrofia o solamente expresión de la historia de la verdad? ¿Y qué decir de la expresión muda, y de la atrofia, mudando? ¡Una verdadera historia de la estagnación!

«SEGUNDA HIPÓTESIS DEL PEZ Y LA CARACOLA». En el caso de los amputados (que siguen sintiendo la presencia de los órganos removidos), la atrofia es la dinámica del órgano que no está pero que, sin embargo, persiste. No solamente los inválidos sino también el órgano removido los recuerda inorgánicamente.

V.

Pergamasa / Pergamasa

«Children, children, the hours you have are counted, and they are 24», said the Jailer.

...that the familiar atmosphere of the passage was only emphasized because of the openings always available for another whore, it was not strange to see how the residents' corruptible physiognomy was reinforced by their discomfort of cholera[1]. Undoubtedly the regiment of the work in the quarries was monstrous as were the expressions of those who, after fleeing and vagabonding about, returned to finally stay in prison. Additionally, with the enhancement of the series of punishments and the luminous vantages, for example, if the abrasions were coterminous with the passage, astonishing is the unease produced by the possibility of more devastation.

One hoped to find, after consecutive bombardments, an unusual detachment from companions and to corroborate on how the trains bring informants and emissaries who, at disembarking, find themselves under the rain of bombs. They spent their days complying by transferring prisoners. Rich, a rise in the price of steel in turn flooding the workers' duly paid "fair" punishments. Richer, the number of increasing residents. They maul into the alleys, inside any privy shack, drained in the plain, "definitely", repeated the Jailer, «*the residents are also re-incidents*».

Every day the soldiers filled the wagons joining the station with the prisons adjacent to the oil tankers, the lumber mills, and the offices of the unemployed prosecutors.

---

1 Translator´s note: Cholera in Spanish has two meanings, one being the disease and the second, Chólera, being rage.

«Niños, niños, tienen las horas contadas y son 24», dijo el Carcelero.

…Que en la estación siempre hubiera un puesto para otra prostituta remarcaba el ambiente familiar del pasaje, no era extraño ver como el malestar del cólera reforzaba las fisonomías corruptibles de los residentes, monstruoso era sin duda el régimen de trabajo en las canteras y las expresiones de aquellos que después de huir y vagar, finalmente volvían para quedarse en la prisión. Si el desgastamiento era consustancial con el pasaje verbigracia también con la ampliación de la serie de castigos y las luminosas permisiones, asombrosa era la inquietud producida por la posibilidad de más devastación.

Tras los sucesivos bombardeos era de esperar encontrar un inusitado desapego por los congéneres y constatar como los trenes traían informantes y emisarios que desembarcaban bajo la lluvia de bombas. Pasaban sus días cumpliendo con los envíos de prisioneros. Ricos, había un alza en el precio del acero que inundaba también los castigos medianamente remunerados de los trabajadores. Más ricos, el número de los residentes crecía. Se agolpaban en los callejones, desembarcaban hacia el interior de cualquier casucha sanitaria, desaguaban en el llano, definitivamente, repetía el Carcelero, *los residentes son también reincidentes*».

Cada día los soldados llenaban los vagones uniendo la estación con las prisiones aledañas de los petroleros, los madereros, y las oficinas de los fiscales desempleados. Las estancias aledañas se beneficiaban con la carroña y la edificación de escuelas cuyo único objeto era mejorar las dotes de prótesis que suplían a los presos.

The adjoining estates benefited from the carrion and the construction of schools whose sole purpose was to improve the supply of prostheses that replaced the prisoners.

Having reviewed the documents, that with or without the omission of the trade details, we would not have been able to realistically describe the ramifications of the traffic produced under this extreme rationalization.

That all the residents had been wrapped up in and implicated, and that now the shifting of the convoy frightened them, as if seeing the movements of a swarm that proliferated and optimized its products, allowing the wells to drain, lifting the generators, and allowing them to inseminate the bridges joining the neighboring cities. They fed the engines and boilers, and without any alchemy produced bodies that transformed into flesh, selected as strapping young lads for war.

On the stretcher was Singeing. Reclined over it the Midwife soaked some rags in disinfectant and rinsed the little girl's legs who had been moaning for three nights, yet the Matron knew the washing would not stop the sentence, as she also knew she could not stop the lines of patients who came to wait their turn, and that they persisted to postpone and continue, prolonging in the ardor of the belly. The majority of the girls, bladders swollen with decomposed urine, were ventilated with smut and pergamasa. She consented to the arrangement of working hours within reason and accommodated the girls on the floor. There were days when the line reached the balcony where the chopping ring of the auctioneers' hammer and the screaming of the children seemed to relieve the states of gestation. Later, the

Habiendo revisado los documentos que con la omisión o no de los detalles sobre las tratas, no hubiéramos realmente podido describir las ramificaciones con que se componía el tráfico producido bajo esta extrema racionalización.

Que todos los residentes hubiesen estado envueltos e implicados, y que ahora los atemorizasen los desplazamientos de los convoy era ver el movimiento de un enjambre que proliferaba y optimizaba sus productos, permitiendo drenar los pozos, levantar los generadores, y dejar que fecundaran los puentes conectando las ciudades vecinas. Alimentaban los motores y las calderas, y producían sin ninguna alquimia la transformación de los cuerpos en carne para seleccionar mocetones para la guerra.

Escozor estaba en la camilla. La Matrona reclinada sobre ella mojaba unos trapos en desinfectante y le enjuagó las piernas de chiquilla que llevaba quejándose tres noches, pero la lavaza no detendría la sentencia y la Matrona lo sabía, como también sabía que no podía parar las líneas de las pacientes que venían a esperar su turno, y que se seguían postergando y continuando, y alargando en el ardor del vientre. La mayoría de ellas tenía las vejigas hinchadas con orina descompuesta y se las ventilaba con tizones y pergamasa. Consintió en disponer un razonamiento de las horas de trabajo y acomodó a las muchachas en el piso. Había días, en que la línea llegaba hasta el balcón donde el repicar de los martilleros y las griterías de los chiquillos parecía aliviar los estados de gravidez. La pergamasa era luego hervida en la calle mezclando su vaho con el olor de los forasteros que llegaban a la clínica preguntando: ¿Y las putas dónde están?

pergamasa was boiled in the streets, mixing its mists with the odor of foreigners who came to the clinic asking, "So where are whores?[2] ".

The Matron understood that solidarity essentially consisted in the material of cultivation, where it was emphasized that her methods were good precisely because they knew their own limits as an applied technique. «The body is a tanker of mysterious laws that adapt themselves to the growth of the organism, that is why we so eagerly await new shipments. With the traffic, the tanks are stimulated and life grows. The tanks move from cell to cell, satisfying all our neighbors. Never are the prisoners ever still, and they shed in their stages of maturation and evolution like how meats swallow, eject, and vomit».

«Traffic has freed the frame that contained the prisoners, jailers and patients in a small circuit. We are, at this moment, in a great leap, one of real emancipation of which we are included because we also circulate, circulating faster than the production of the objects that pretend to contain it. Many multiple objects touch and are replaced while in circulation... Now, well, and considering the fact that each one is an ecosystem that connects with others, the best route of traffic is that of contagion in which we seem to imitate birds. Contagion represents a journey through a torrent of infinite terrestrial and aerial possibilities. Contagion is the

---

2 Translator's note: This question is juxtaposed with the question so frequently asked in South America, specifically Argentina and Chile. People asked where the disappeared political prisoners had vanished to, here taking into account that prostitutes were never considered political prisoners, sometimes not even people, still.

La Matrona entendía que la solidaridad consistía esencialmente en una materia de cultivos, donde destacaba que sus métodos eran buenos precisamente porque conocían sus límites como una técnica aplicada. «El cuerpo es un depósito de leyes misteriosas que se adecuan al crecimiento del organismo, por eso esperamos con ansiedad nuevos cargamentos. Con el tráfico, los depósitos se activan y la vida crece. Los depósitos mudan de celda en celda, satisfaciendo a todos los vecinos. Nunca los presos se están quietos, y mudan en sus estadios de maduración y evolución como las carnes que se degluten, eyectan, y vomitan».

«El tráfico ha liberado el marco que contenía a presos, carceleros y pacientes en un pequeño circuito. Estamos en el momento de un enorme salto, una verdadera emancipación de la circulación en que también estamos incluidos porque la circulación va más rápido que la producción de los objetos que pretenden contenerla. La circulación toca y sustituye múltiples objetos... Ahora bien y considerando el hecho que cada uno es un ecosistema que se conecta con los demás, la mejor vía del tráfico es el contagio en que parecemos imitar a los pájaros. El contagio representa un viaje en un torrente de infinitas posibilidades terrestres y aéreas. El contagio es la garantía de la mutación y la perdurabilidad en que se acorta la espera y se hace más agudo el ángulo de la intensidad y la duración que nos brindan los alimentos. Garantía inmediata que nos reporta una comunicación con las zonas más lejanas y dispersas que generan una

guarantee of mutation and perturbed durability, shortening the wait, and increasing the acute angle of intensity and duration that sustenance gives us. An immediate guarantee that reports to us a communication with the most dispersed or distant regions, generating a series of interconnected answers, that which demand a perpetual demonstration».

After adding small droplets of pergamasa, the Matron went through the aisles injecting it into the young girls' tiny bodies. She inserted the liquid inside the little girl's body, activating all of its' foamy arsenal and the tank began to swell, to redden. The midwife would demand permanent washes so as to preserve the incrustations. She would accommodate the prosthesis by fashioning a button then placed in their rectum. "These «gadgets», she would say, «supplement the diet of your interior vegetation, whilst exteriorly, the appetite becomes ferocious, and must be satisfied in full».

The young boys began to develop quickly with growths on their lips and the sides of their ears where they still had bluish sores that ran in a line to their chest. «We work to exploit the most intimate of relationships because we know that the freshness of meat regulates the source of wealth. We nourish ourselves with more deposits so here; children are the center of our dedication. We know that in order to expand the radius of emancipation of circulation one must not only free themselves from objects but also immobility, yet we traffic. The incrustations permit these bodies to generate the sensation of a moving hinge. Here there is always a place for a new prostitute, that is what the residents look for, and in the cells, they speculate at the babble preparing detachments of children, armed for the welcoming».

serie de respuestas interconectadas, lo cual nos exige una perpetua demostración».

La Matrona iba recorriendo los pasillos inyectando los cuerpecitos de las chiquillas en que echaba gotitas de pergamasa. Colocó el líquido dentro del cuerpecito de la chiquilla y el depósito comenzó a hincharse, enrojecerse, y activó todo su arsenal espumoso. La Matrona les exigía lavados permanentes para preservar las incrustaciones. En el recto puso un botón y acomodó la prótesis. «Estos aparatitos», decía, «suplementan la dieta de la vegetación interior, mientras que por fuera, el apetito se hace feroz, y debe satisfacerse en pleno».

Los chiquillos comenzaban a desarrollarse rápidamente con brotes en los labios y al costado de las orejas donde tenían todavía unas llagas azuladas que les corrían en línea hasta el pecho. «Trabajamos explotando las más íntimas relaciones porque sabemos que la fuente de la riqueza está regulada por la frescura de las carnes. Aquí los niños son el centro de nuestra dedicación para nutrirnos con más depósitos. Traficamos, sabiendo que para ampliar el radio de emancipación de la circulación no solamente hay que liberarse de los objetos, sino también, de la inmovilidad. Las incrustaciones permiten generar en estos cuerpos la sensación de una bisagra que se mueve. Aquí siempre hay un puesto para una nueva prostituta, eso es lo que buscan los residentes, y en las celdas especulan con los balbuceos y preparan destacamentos de niños armados para la bienvenida».

«Children, children, the hours you have are counted, and they are 24», said the Jailer for a second time.

At six o'clock we will enter to interrogate all the chambers with the emissaries. The toxins will offer no appeasement to the sneers, the cadence, nor the tedium, not even the babble of the asphyxiating residents, who will ask them over and over again, "Well where are the whores?". At twelve, they will attempt to return to their cells only to learn of the rust that so patently approximates the walls and routes of circulation of the pergamasa, where they will examine the railway waiting for its shipment. Dumbfounded, you will see how the residents do not cease to pile up new bodies while the officers and snipers evacuate the square. At eleven o'clock, everything that could be will further push the spark plugs of the engines. And to all that could not, will only reinforce them. The engine will bubble from within pushing open a sharp and intestine path. Consenting your movements as it tears, it will rip out your ears and thumbs with broken bottles and will encrust into you, elbow braces and other regally important pieces. The Jailer disappeared and the children heard the emissaries arrive.

«Niños, niños, tienen las horas contadas y son 24», dijo el Carcelero por segunda vez.

A las seis entraremos con los emisarios interrogando todas las cámaras. La asfixia de los tóxicos no amansará la sorna, ni la cadencia, ni el tedio, tampoco los balbuceos de los residentes que les preguntarán una y otra vez: «¿Y las putas dónde están?» A las doce tratarán de volver a sus celdas y se enterarán de la herrumbre que tan patentemente acerca los muros y la ruta de la circulación de la pergamasa en donde examinarán la línea del rodoviario esperando su envío. Atónitos, verán cómo los residentes no cesan de amontonar nuevos cuerpos, mientras los oficiales y francotiradores desalojan la plaza. A las once, a todo lo que sí, más empujarán las bujías de los motores. Y a todo lo que no, las reforzarán. El motor bullará desde dentro y empujará abriéndose camino, filoso e intestino. Consentirá sus movimientos y en este desgarro les arrancarán las orejas y los pulgares con unos golletes y después les incrustarán unas coderas y otras piezas regias. El Carcelero desapareció y los niños oyeron llegar a los emisarios.

VI.

(Sin Nombre) / (Nameless)

They come, wagon in hand, they pass, they go through,

Will they be the prisoners of today? Shadows or wheels of transit?

Across the visage of man, while it has not yet dawned,

no child, neither in gesture nor expression,

revoke their face, as if mules, shading their eyes towards the ground,

the grating sound of the axe between the rocks and the road where they've left the deceased,

do not laugh or cry watching their shadows disappear,

coming to stay knowing that the arrest does not rest,

the butcher feeds off of their memories,

the mule off his leftovers, and they from the hoarse sound of captive days,

ecstasy from being reunited amongst the bones,

pits they have dug leave companions,

old children[1] mend the planks on which they have let the pieces of their arms drop,

spitting into the wind ashen coal,

advancing like an overcast fragment of the sun,

being like spots on the face, collections of what we could be,

when the desert captures the contours within the breath,

it grows,

amaranth from fatigues, like a child spinning children
on the cloudy day of the new age, they take what is most beloved.

---

1 Translator's note: *Niños viejos* is a metaphor for kidnaped infancy. Kids are old, and infancy becomes something to attain, to create, instead of a stage and a process that has to be matured through.

Se vienen, carretón en mano, pasan, atraviesan

¿serán los detenidos de hoy? ¿sombras o ruedas del tránsito?

cruzan el rostro del hombre, cuando aún no ha amanecido,

ningún niño, ni en los gestos ni en las expresiones,

deshacen la cara, serán mulas agachando la vista al suelo,

el sonido ronco del hacha entre la piedra y el camino donde dejaron al muerto,

no ríen ni lloran viendo irse sus sombras,

vienen a quedarse sabiendo que la detención no descansa,

que el carnicero se alimenta de sus recuerdos,

la mula de sus sobras, y ellos del ronco sonido de los días quietos,

éxtasis de estarse reuniendo entre huesos,

cavando fosas que andan quedando como sus pares,

niños viejos remendando el madero en que han dejado caer los pedazos de los brazos,

escupen al viento carbón ceniciento,

avanzan como el recorte nublado del sol,

son manchas en la cara, conjuntos de lo que podríamos ser,

cuando el desierto precisa los contornos en medio del aliento, avanza,

amaranto de fatigas, como un niño hilando niños en el día nublado del tiempo nuevo, se llevan lo más querido.

VII.

El Rotor / The Rotor*

1.   The colony is sufficiently ripe and can resist the attack of contingencies with no feeling of a threat towards its survival. The queen is in her place, and with her in that place, there is the apiary, the swarm, the peal whereby the creature fecundates, inseminating its parasites in other creatures and in other parasites, and from those parasites it assembles itself. A continuous process of insect movements have anticipated and preceded the corporal machines' destiny.

2.   Insects decarnate[1] the factory and cell, composing themselves: The insect is not the individual, but rather the rumor of collectivity agitating total individuality. When the body of the individual transforms into a cadaver, the individual attains its' place, its payment, its' deserved remuneration to be with the others. Meanwhile, for the insect, the body only continues the dispersal of the turmoil in which it copes with, therefore the corpse culminates in the insects as one more body for the emerging collectivities of the colony. Dissections from individuality through which by the process of the reduction of oneself approach the most negligible of degradation, while also brilliantly putting pollution in its place, fitting it inside the site of the rumor by which the colony responds to the corporal machine.

3.   The insect, as the minimal position, signals that variation is a principle of gradation and a conjunction

---

* Translator's note: Rotor: designates a mechanism, here it is used to depict the sounds of rotor blades, like in the helicopters crossing the city during dictatorship, and the whole machinery describing the process by which humans are metamorphosed into marching insects. We could read this apartado as an entomological manifesto.

1 Translator's note: Descarnar in Spanish, remove the meat from the bones.

1. La colonia está lo suficientemente madura y puede resistir la embestida de las contingencias sin sentir amenazada su supervivencia. La reina está en su sitio, y en el sitio el colmenar, el enjambre, el repicar por el cual la criatura fecunda sus parásitos en otras criaturas y en otros parásitos, y de esos parásitos se ensambla, se continúa el movimiento de los insectos que han antecedido y precedido el destino de la máquina corporal.

2. Descarnando la fábrica y la celda se componen los insectos: El insecto no es el individuo, sino mas bien el rumor de la colectividad crispando toda individualidad. Cuando el cuerpo del individuo se transforma en cadáver el individuo alcanza su lugar, su pago, su merecimiento de estar con los demás. Para el insecto en cambio, el cuerpo continúa la dispersión del tumulto en que se desenvuelve, por eso el cadáver culmina en los insectos como un cuerpo más de las colectividades emergentes de la colonia. Disecciones de individualidad en que el proceso de la disminución de uno va hacia lo más ínfimo de la degradación y también al esplendor poniendo la polución en su sitio, conformándola en el sitio del rumor por el cual la colonia responde a la máquina corporal.

3. El insecto, como la posición mínima, señala que la variación es un principio de gradaciones y un conjunto de expresiones en un universo de roces, contactos y contagios frente al cual la multiplicidad y la indistinción son una constante, lo suficientemente difusa como para conformar superficies, y lo suficientemente precisa como para reunir a la colonia. De esta manera se contrapone la colonia del

of expressions in a universe of frictions, contacts, and contagions, before which multiplicity and the indistinct are a constant, diffused sufficiently enough to form surfaces, and sufficiently precise so as to reunite the colony. By this way the insectary colony opposes all those who belong to the family, the brotherhood and the clan, all those who appear to own a hierarchy, a sequence, succession and an inheritance in the corporal machine.

4.   It is not the variety of the insect, which installs itself within the familiarity of the group, the clan, the syndicate and the party; a principle of unification is established through the fragmentation of all of these elements. Instead, in the world of the insect, articulations are diffused and dispersed by the process of interjection, by the friction and the juncture, and by the rotor, which emerges from the rubbing produced between the machine body and the body machine. Rather than a cut, what there is are fixations, inoculations, and injections, which affirm and that constitute a response to the domain of the corporal machine. Therefore, the insect is not the parody that comes from the place of the authority of culture in which you can delayer its hierarchies, and open, communicating its permanence; neither are the colonies just a collage made from pieces of a byproduct of ancient societies, all gathered by aleatory or fortuitous remains of the epochs' opening. The insect is the continual variation and gradation of confusions between the body and the machine, where the aliment and pollution synchronously reunite, stripping the layers from the corporal machine.

5.   The world of the insect is that of a lack of distinction that operates transforming the relationships

insecto con todas aquellas de la familia, la fratria y el clan que parecen tener jerarquía, secuencia, sucesión y descendencia en la máquina corporal.

4.   No es la variedad del insecto aquella que se instala en la familiaridad del grupo, el clan, el sindicato y el partido, todos estos elementos en la fragmentación establecen un principio de reunión. En el mundo del insecto en cambio, las articulaciones se difuminan, se dispersan en el proceso de interjección, en la juntura y la fricción, en el rotor que sale del roce que se produce entre la máquina del cuerpo y el cuerpo de la máquina. Mas que un corte lo que hay son fijaciones, inoculaciones, inyecciones que afirman, que constituyen una respuesta al dominio de la máquina corporal. Por eso el insecto no es la parodia del sitio de autoridad de la cultura en que se pueda desjerarquizar, abrir y comunicar su perpetuidad, ni tampoco son las colonias el *collage* hecho a pedazos con los productos de las sociedades del pasado que luego se vayan reuniendo en restos aleatorios o fortuitos del tiempo que se abre. El insecto es la variación y la gradación continua de la confusión del cuerpo con la máquina donde se reúnen sincrónicamente la polución y el alimento, despojando de revestimientos a la máquina corporal.

5.   El mundo del insecto es la indistinción que opera transformando la relación entre lo positivo y lo negativo, lo de arriba y lo de abajo, el horizonte y el antelar. Se trata de la variación establecida a partir de la dispersión y el roce por la cual se organizan los universos coloniales

established between the positive and the negative, the top and bottom, the horizon and the anticipation that precedes. Its treatment consists of the variation established, beginning with the dispersion and abrasion, by which the colonial universes organize, appearing to never have entered the pulchritude of society.

6. The insect, who composes camouflages, chemicals, and associations, is in closer proximity with the geological and botanical relationships of life, happening, succeeding the bodily machinery, humanized in the account of cultural origins, and also of the mechanized bodies of the factory, the machine of species that institute the psychic apparatus of the unconscious, splitting the body, its remains and the processes of decomposition.

7. The insect would be, then, a response to the corporal machine but not the particular response of the cockroach, the ant, and the wasp, but instead, collective relationships in which each one of the elements is defined by the teaming tingles, by the buzz, by the rumor of multiplicity in which they occupy simultaneous planes opening the ensembles established between the machine of the body and the body of the machine.

8. To the infinite partition of the maps and interior labyrinths of the individual, the gaze of the insect would not be horizontal and neither double, like it is in the face of Janus[2] , seeing time simultaneously, always looking towards

---

2 Translator's note: In ancient Roman religion and myth, Janus is the god of beginnings, time, duality, gates, transitions, doorways, passages and endings. He has a double face that looks simultaneously to the past and the future. He is two-faced, duplicitous.

que parecieran nunca haber entrado en la pulcritud de la sociedad.

6. El insecto, que compone camuflajes, químicas, y asociaciones, está más próximo a las relaciones con la vida geológica y botánica, sucede a la máquina del cuerpo humanizado en el relato del origen de la cultura, y también a la del cuerpo mecanizado de la fábrica, a la máquina de las especies instituyendo el aparato psíquico del inconsciente que divide el cuerpo, sus restos y los procesos de descomposición.

7. El insecto sería entonces una respuesta a la máquina corporal pero no la respuesta de la cucaracha, la hormiga, y la avispa en particular, sino de las relaciones colectivas en que cada uno de los elementos se definen por el hormiguear, por el zumbar, por el rumor de la multiplicidad en que ocupa planos simultáneos que van abriendo los ensambles establecidos entre la máquina del cuerpo y el cuerpo de la máquina.

8. A las particiones infinitas de los mapas y laberintos interiores del individuo, la mirada del insecto no sería horizontal ni tampoco doble como lo es el rostro de Jano que mira a un mismo tiempo hacia el futuro y hacia el pasado. La mirada del insecto es múltiple y lo simultáneo conforma un conjunto de planos y superficies de las colectividades pululando en medio de las fricciones.

9. El insecto ha preñado a la máquina y las colonias han podido madurar en toda la gama de sus complejidades,

the future and the past. The sight of the insect is numerous and the simultaneity conforms a combination of planes and surfaces of the seething collectivities amidst the frictions bumbling about.

9. The insect has impregnated the machine and the colonies have been able to mature in the full spectrum of their complexities, vanquishing, pushing it ahead, and placing it within the colonies to manifest. The colony is then, not just a metaphor of the society and its organization within the cities, it is a conformation, and configuration of filiations and displacements, shifting what is familiar and what is strange that all come from the universe of the small-cells, honeycombed, devastating the interiority of the individuals' family-picture, home, and the redoubt of the city. Decimation that also contains within itself, a vast universe of rays and tonalities for the parasites, where what becomes estranged, passes to an integral state inside the colonies' works. A small-cell universe that shows us the fabric of the ensembles and the anointing of the estranged new family members.

10. We are amongst insects, within the fruits, along with the other sister insects, in corridors and the galleries. Succession of events in a plane without sequence can explain the difference between *this* and *that*. Insects on insects in sequence, in between the bed and the floor, on the surface, in the corridor where they assemble the rumor. Insects roam, swarming the decomposing orifices. In between the bureaucrat's office and his passage, the corridors of furtive insects, each element of their contacts organize the relationship established with the queen.

venciéndola, sacándola adelante, poniéndola de manifiesto en las colonias. La colonia no es entonces una metáfora de la sociedad y su organización en ciudades, es una conformación de filiaciones y desplazamientos del familiar y del extraño que salen del universo de las celdillas, devastando la interioridad de la escena familiar del individuo, el hogar, y el reducto de la ciudad. Devastación que contiene también y dentro de sí, todo un universo de gamas y tonalidades para los parásitos, donde lo que se va extrañando, pasa a integrar las obras de las colonias. Un universo de celdillas que nos muestran el tejido de los ensambles y las unciones de los nuevos miembros familiares extraños.

10. Estamos entre insectos, con las frutas, con las hermanas insectos, con los pasillos y las galerías. Sucesión de hechos en un plano sin secuencia que pueda explicar la separación entre *esto* y *aquello*. Secuencia de insectos tras insectos, entre la cama y el suelo, en la superficie, en el corredor donde ensamblan el rumor. Insectos que recorren y pululan los orificios en descomposición. Entre la oficina del burócrata y su pasillo, los corredores de insectos furtivos, cada elemento de sus contactos organiza la relación que establecen con la reina.

11. En tanto que el universo de los insectos se desprende de la máquina corporal, ubica asociaciones que no se distinguen del conjunto, o más precisamente, de la conjunción que va componiendo el rotor que se desarrolla entre la máquina y el cuerpo, entre los cuerpos

11. While the universe of the insects detaches itself from the corporal machine, it orients associations indistinguishable from those of the ensemble, or more precisely, from the conjunction that goes composing the rotor that develops within the machine and the body, amidst the bodies and the machines, a series of annexations where the positive and negative are wiped into one pure surface of path, developing a double displacement that knits and unknits the seams assembled by the corporal machine. Articulations disappear, along with allied systems, the romance, families' logic of procreation, and one logic of reproduction is substituted through the hyperbole of the insect colony.

12. The colonies abide by none of the external rules imposed upon themselves emerging within the transformation of the corporal machine. When the machines secrete their foundational models, they develop dually in both directions, amongst the discarded, and in the fitting, within the box, between the friction of the machine, the body, and its configurations. Knitting and unknitting, boxing and discarding, littering and gobbling, in the most negligible stubble, the sequence of collectivity, indistinct and indifferent to the individuals separated and arrested in one self.

13. If the colony is not a metaphor nor an image of the society, the society as a collective extracts from the insects teachings, lessons, properties and elements that diametrically distinguish them as associations and bonds within which we function, and before which the modes that we have of communication and of referring to each other, just as the manners of calling and naming descendants and the fact that remembering where we came from and in what time we

y las máquinas, series de agregados donde lo positivo y lo negativo se borran en una pura superficie de recorridos desarrollando un doble desplazamiento que teje y desteje las costuras ensambladas por la máquina corporal. Desaparecen las articulaciones, los sistemas de alianza, los romances, las lógicas de la procreación de las familias, se sustituye una lógica de la reproducción por la hipérbole de la colonia insectaria.

12. Las colonias emergen en la transformación de la máquina corporal sin acatar ninguna regla externa a las que se van dando ellas mismas. Cuando las máquinas sepultan sus modelos se desarrollan hacia ambos lados, en el descarte, el encaje, en el roce que se da entre la máquina, el cuerpo y sus composiciones. Tejer y destejer, encajar y descartar, basurear y comer, en el más ínfimo rastrojo, la secuencia de la colectividad indistinta e indiferente a los individuos separados y arrestados en uno mismo.

13. Si la colonia no es una metáfora ni tampoco una imagen de la sociedad, el conjunto de la sociedad extrae de los insectos enseñanzas, lecciones, propiedades y elementos que las distinguen diametralmente como asociaciones y vínculos en los cuales funcionamos, y frente a los cuales los modos que tenemos de comunicar y de referir, así como las maneras de llamar y nombrar las descendencias, y el hecho de recordar de dónde venimos y en qué tiempo vivimos, está atravesado por el rumor de las colonias que suceden el tiempo y el espacio de las máquinas corporales.

live, is pierced by the murmur of the colonies that surpass the time and space of the corporal machines.

14. In the colony a world organizes itself, but not the world in general in terms of an image of totality, but a world that contains and explores the universe of its' own possibilities, where we not only operate as parts of a machine, but we establish an experience of filiation between the machine and its successor, concerning the machine and the dissection of the corporal machine.

15. The insect has overcome the machine, and the colony is more insect than machine. In an ephemeral, heterogeneous plane, there is no backdrop, which is why the colony can coexist with the world of the machine and not depend on a machination to develop. The voracity of its multitude is different from those of the machination and is recognized in the hives, and anthills, the hordes and swarms, but not in the machine. The murmur of the colony is not of a contact between bolts, screws and circuits, but more a simultaneity of planes detaching, developing insects, where the difference between one and another is always that of many more.

16. The world of the insect is that of the colony, and the colony is open like a world ready to be assembled, but there are no assemblage lines here like in the factories, neither are there series as in the enterprise, there are no products, nor clans, there are curves and unions where trunks, bits and pieces and forceps all fall along with the fluids of the insects regurgitating insects.

14. En la colonia se organiza un mundo, pero no el mundo en general como una imagen de la totalidad, sino un mundo que contiene y explora el universo de sus propias posibilidades en que no solamente funcionamos como las piezas de una máquina, sino que experimentamos como se establece un tipo de filiación entre la máquina y su sucesión, entre la máquina y la disección del cuerpo máquina.

15. El insecto ha superado a la máquina, y la colonia es más insecto que máquina. En un plano efímero y heterogéneo, no hay trasfondos, por eso la colonia puede convivir con el mundo de la máquina y no requerir de una maquinación para desarrollarse. La voracidad de su multitud es distinta a las de la maquinación y se reconoce en las colmenas, hormigueros, enjambres y avisperos, y no en la máquina. El rumor de la colonia no es el de un contacto entre pernos, tornillos y circuitos, sino una simultaneidad de planos desprendiendo, desarrollando insectos, donde la diferencia entre uno y otro, es siempre la de muchos más.

16. El mundo del insecto es el de la colonia y la colonia está abierta como un mundo para ser ensamblado, pero aquí no hay líneas de ensamblaje como en las fábricas, ni series como en las empresas, no hay productos, ni clanes, hay curvas, uniones donde caen troncos, trozos, tenazas, fluidos de insecto regurgitando insectos.

17. Donde la máquina se va desgastando, los insectos crecen como moscas, gusanos y parásitos. No para

17. In the places where the machine goes wearing away the insects grow like flies, worms and parasites. Not to harmonize an element of the world that has gone out of control. This is not about a moral interpretation of plagues. The machine that belongs to a world that had to have been mechanized, assembled and produced, sees that how by the same movement of mechanics and technique, the insects proliferate in a universe where the instant escapes its' transcendence, and in where the sound of the engine is silenced beneath the stomping boots of the rumor in the colonies. The steel rotor is succeeded by the rotor of bones on which the insects step upon.

18. At a distance, we hear how the bustle attracts and makes it possible to see that the cleanest words and the most lucid efforts to not contaminate oneself with the world are surrounded by insects that slip through , composing the clamor of the multitude.

19. The colonies consist of queens, laborers, sentries, and a diverse brood that assure the survival of the collective. In order to produce these queens, dictatorships torture and disappear, marginalizing and arresting as they sack and burn the bodies. Amidst the indistinction between planes and the backdrop, in the abduction of the corpses, in the jungle and the fountain, the queens of the colonies form. Life leftover in the fields that have been plantations, mines, sand mounds and conclaves, in the tenements and the sheds of unemployed, drunks, murderers and thieves, in the pulchritude of the dispatch center, the trophy gallery and in the crammed pantry where the spices are coined, kept and guarded.

armonizar un elemento del mundo que se haya salido de control. No se trata de la interpretación moral de las plagas. La máquina, que pertenece a un mundo que ha tenido que ser maquinado, ensamblado y producido, ve cómo por ese mismo movimiento de la mecánica y la técnica proliferan los insectos en un universo en que el instante escapa a su trascendencia, y en donde el sonido del motor calla bajo las botas del rumor de la colonia. Al rotor de acero sucede el rotor de huesos en que pisan los insectos.

18. A la distancia se oye como el bullicio atrae y hace posible ver que a las palabras más limpias y a los esfuerzos más lúcidos para no contaminarse con el mundo les rodean insectos que se cuelan componiendo el bullicio de la multitud.

19. Las colonias tienen reinas, trabajadores, guardias, y variadas crías que aseguran la supervivencia del conjunto. Para formar estas reinas las dictaduras torturan, desaparecen, marginan, apresan, saquean y queman los cuerpos. En medio de la indistinción entre el plano y el fondo, en la sustracción de los cadáveres, en la selva y el manantial, se forman las reinas de la colonia. Sobrevida de los campos que han sido plantaciones, minas, arenales y cónclaves, en los conventillos y galpones de desempleados, borrachos, asesinos y ladrones, en la pulcritud del despacho, en la galería de los trofeos, y en la abarrotada despensa donde se acuñan las especies.

20. La colonia madura, ampliando el radio de los instantes que consuman el tiempo de las máquinas, pero

20. The colony matures, amplifying the radius of the instants that consume the time of the machine, but on this matter, I cannot be sure if the colony is the result and the experiment of dictatorships or if dictatorships are the experiments that have come from the colonies. What is sure is that queens form when the aliment reaches the grade of insect, and from the altruistic disengaging in respect to the relationships that have been established between the machine and the body. So then, in the friction, in the copula between the machine and the body, it becomes possible to constitute the mother-cells in which the queens begin to unfold in order to sustain the compound of colonial life.

21. The colony is commanded by queens, meanwhile the progenies are bred by sisters to form a coalition with the mothers, and for that reason and in principle, the exchange function of daughters and sons is inverted. The brood is attracted to the colony depending on the functional place that the queen occupies. In the colony, there is no family as such, one can act as male or female, but only, and as mobile elements for the survival of the compound. In the colony filiations are established parting from the place that the queen holds and it is only in relation to her that the mother-cells are organized and distributed.

22. The magnitude of the collectivities is composed by the planes of contacts between many, which even within their variety and quantity do not reach, in the slightest, to be the *one*. That is why the assemblage and ligaments of moments fluctuate the levels of the course and the dispersal through the aisles, between corridors, alternating responses that grade the intensity of the steps across the surface.

en esto no sé muy bien si la colonia es el resultado y el experimento de las dictaduras, o si las dictaduras son un experimento que ha salido de las colonias. Lo cierto es que las reinas se forman cuando el alimento alcanza el grado del insecto, del desprendimiento respecto de las relaciones que se han establecido entre la máquina y el cuerpo. Entonces, en el roce, en la cópula entre la máquina y el cuerpo, se hace posible la constitución de las celdas madres en las cuales empiezan a desenvolverse las reinas para asegurar el conjunto de la vida colonial.

21. La colonia es comandada por reinas donde las proles son criadas por las hermanas para coaligarse con las madres, por eso y en principio se invierte la función de intercambio de las hijas y los hijos. Los hijos son atraídos a las colonias en función del lugar que ocupa la reina. En la colonia no hay familia como tal y se puede actuar como macho o como hembra, pero sólo y en tanto que elementos móviles para la supervivencia del conjunto. En la colonia se establece filiación a partir del lugar que tiene la reina y es en la relación con ella que se organizan y distribuyen las celdas madres.

22. La magnitud de las colectividades se compone del plano de contactos entre muchos, que aún con su variedad y cantidad no alcanzan sin embargo a ser el *uno*. Por eso los ensambles y ligamentos de los instantes fluctúan los niveles del recorrido y la dispersión por los pasillos, entre los corredores, alternando respuestas que gradan la intensidad de los pasos por la superficie.

23. In the insect world, there is no one without *another*, the plane is that of indistinction, by which it proceeds from one range of indistinction to another. The rotor goes composing and dyeing, in this way, the movement and the dynamic of matter decomposed in which the cadavers arrive to occupy a place, their space, in the intimate relationship maintained with the queen.

24. It would seem, perhaps, that this is a reactionary world, one that has death at its' center, and certainly, in complete sense of the term, the colonies are an *ultra-reaction* of insect to insect, a reaction and a fission that reciprocates the ensemble and articulations of the corporal machine and its' articulations, communicating the rumor, the bustle where we distinguish the hierarchies, the chores, the sustenance, the offspring and larvae, fertilizing the progeny of plants and the wounds, stretches of mud-flats and the swamp. Within the honey[3] we corroborate the indistinction within which the insects are born, where unity is a given with the colonies and not with the differentiation that builds the factory and the machines of other machines serving the corporal machine from which the bodies, individualized, are born.

25. In the insect plane individuals are not, their subjectivity is scarce, as is the body, the function as a means and also an end, one way or another, the cadaver. The process is something more than the totalization of totality, something more perennial and extensive, a perpetual circulation of the elements that no longer circulate.

---

3 Translator's note: Honey is the vomit of the insect; cadaver, the insect and the aliment are all reduced and compiled into one sticky plane.

23. En el mundo del insecto no hay *uno* sin *otro*, el plano es el de la indistinción, por la cual se procede de una gama de indistinción a otra. El rotor va componiendo y tiñendo de esa manera, el movimiento y la dinámica de las materias descompuestas en que los cadáveres llegan a ocupar un lugar, su espacio, en la relación íntima que mantienen con la reina.

24. Parecería, tal vez, que este es un mundo reaccionario que tiene a la muerte en el centro, y sí, en todo el sentido del término las colonias son una *ultra-reacción* de insecto a insecto, una reacción y una fisión que responde a los ensambles de la máquina corporal y sus articulaciones, comunicando el rumor, el bullicio donde distinguimos las jerarquías, las tareas, los alimentos, las crías y las larvas, fertilizando la progenie de las heridas y las plantas, los estrechos del fango y el pantano. En la miel comprobamos los planos de indistinción en la que nacen los insectos, donde la unidad se da con las colonias y no con la diferenciación que construye la fábrica y las máquinas de otras máquinas sirviendo a la máquina corporal de la que nacen los cuerpos individuados.

25. En el plano de los insectos, los individuos no están, carecen de subjetividad, de cuerpo, de función, de medio y de un fin en el cadáver. El proceso, es algo más que la totalización de la totalidad, algo más perenne y extenso, una perpetua circulación de los elementos que no circulan.

26. If it is the case that dictatorships arise from the colony, we would say that the regime has broken the pact with the queen, establishing a transposition in the life of the colony by which matricide becomes the principal rule in the assemblage of the dictatorial machine. The most immediate consequence would be the general estrangement of the colony in which the queen occupies the place of an absent piece, allowing the firing-up of the dictatorial machine, queen pitted against queen, exercising the erasure of bodies mechanizing, to those that substitute the new compound, compounding. But, on the contrary, if colonies are an experiment of dictatorships, the family no longer encloses anything substantial that is not already placed in the movement of the colony in its entirety, in its' possibility to decide and plan what was before, all too familiar. The dictatorship experiments with the possibilities of the rotor formulating a new colonial domain, in which it occupies the place of the queen, monumentalizing itself until *she* finally forms a *full-feme* species of colony whose origin is placed in the insect, like the flies in the hive.

27. The colony is the position that assumes a collectivity that emerges from the decomposition of the relationships established between the body and the machine. On one level, it maintains and preserves the rumor, attracts, destroys and devours to feed the new insects occupied with contacts and proliferation. In this aspect, the colony establishes a radius and a perimeter of displacements through the physical space and time of the bodies conceived for the corporal machine. Needless to say, in the possibility of providing new form to new queens (that do not depart

26. En el caso de que la dictadura viniera de la colonia, diríamos que el régimen ha roto el pacto con la reina, estableciendo una transposición de la vida de la colonia por la que el matricidio es la regla principal del ensamblaje de la máquina dictatorial. La consecuencia más inmediata sería el extrañamiento general de la colonia en que la reina ocupa el lugar de una pieza faltante que permite echar a andar la máquina dictatorial, reina contra reina, ejerciendo la gran borradura de los cuerpos maquinando, a los que sustituye el nuevo conjunto conjuntado. Pero, si por el contrario, la colonia es el experimento de la dictadura, la familia ya no encierra nada sustancial que no esté colocado en el movimiento de la colonia en su conjunto, en su posibilidad para decidir y planificar lo que antes era familiar. La dictadura experimenta con las posibilidades del rotor formulando un nuevo dominio colonial, en que ocupa el lugar de la reina que se monumentaliza hasta llegar a formar *toda ella* una especie de colonia, cuyo origen está puesto en el insecto, como las moscas en el colmenar.

27. La colonia es la posición que asume una colectividad que emerge de la descomposición de las relaciones establecidas entre la máquina y el cuerpo. En un plano mantiene y preserva el rumor, atrae, destruye y devora para alimentar a los nuevos insectos atareados en los contactos y la proliferación. La colonia establece en este aspecto un radio y un perímetro de desplazamientos por el espacio físico y por el tiempo físico de los cuerpos concebidos por la máquina corporal. Vale decir, que en la posibilidad de dar forma a nuevas reinas (que no se apartan

from the colonial life in its whole), the colony expands and endures. This is why the insects are not on the margins of this world, on an island or in some remote location, but more so that the colony configures a materiality and a dynamic of exchanges that respond to the corporal machine.

28. The collection of small-cells can, in that double movement that goes decomposing the woven tissues of the machine, occupy the spreading expanse of the commune or the prison universe. Not of the juridical community, economically established within the city or the district but coming from the idea of the community as a relative space that has conquered its' victory over the machine, and the man machine, and the woman machine, and even the plough[4] . Not the jail as a site of punishment for the individuals, but more as a general space for the reclusion of individuality, returning it to its latent larval state leaving her exposed in the conjunct of the cadaveric social body that is copulating with the queen.

29. In each small-cell, the life of the colony resolves by general reproduction of insects, the principal problem of the colony is not the reproduction of the individual or of separate sorted collectives of boys and girls, but it is the reproduction of the maturation process of the colony by which its' queens are precious examples of their maximum perfection.

30. The position of the queen within the colony cannot be confused with that of the king as if they were

---

4 Translator´s note: *El Arado*, the plough is one of the first working machines of the sedentary, agrarian society, a mark of civilization.

de la vida de la colonia en su conjunto), la colonia se expande y perdura. Por eso los insectos no están al margen del mundo, en una isla o en una región recóndita, sino que la colonia conforma una materialidad y una dinámica de intercambios que responde a la máquina corporal.

28. El conjunto de celdillas puede, en ese doble movimiento que va descomponiendo el tejido de la máquina, ocupar la extensión de la comuna o el universo de la prisión. No de la comuna jurídica y económicamente establecida en la ciudad o el distrito, sino de la idea de la comuna como espacio de relación que ha conquistado su victoria sobre la máquina, y el hombre máquina, y la mujer máquina, y el arado. No la cárcel como un sitio del castigo de los individuos, sino como un espacio general de la reclusión de la individualidad, volviendo a su estadio larvario y latente, dejándola expuesta en el conjunto del cuerpo social cadavérico que está copulando con la reina.

29. En cada celdilla la vida de la colonia se resuelve en la reproducción general de los insectos, por eso el principal problema de la colonia no es la reproducción de un individuo o un conjunto separado de niños y niñas, sino reproducir el proceso de maduración de la colonia de la cual sus reinas son su máxima perfección.

30. La posición de la reina en la colonia no puede ser confundida con la del rey como si estas fueran homólogas. La posición del rey está centrada en su personalidad, en el don de mando, en el poderío ambicionando la eternidad que consagre su obra en el tiempo. El rey es el símbolo

analogous. The position of the king is centered in his personality, in his innate talent for command, in his vigorous lust for all powerful eternity to consecrate his work within the ages. The king is the emblematic symbol of unity of the entire kingdom, identifying the reigned with the constellations of the stars and the wisdom of the astrologists. The queen has a position that does not hold correspondence with the kings' personality, but with her ability to found colonies beginning with the place that she herself occupies. The innate gift the queen has is associated with how she unveils herself within the spaces of time, the dynamic of the rotor, where the colony operates as mother, as daughter, as grandmother, and as a daughter-in-law. The rumor of the colony begins to show itself from within the wombs. Instead of directing their gaze towards the constellations of the astros, the queen airs towards the embryo of the world in potency where the gestating colony is brewing.

31. Only the king holds the right to dispose of the constellations that mirror in part, the vast extent of his kingdom. The queens pursue the establishment of embryos, germs, eggs and larvae, which is why within the colony, essentially nothing is new, and it is within the queen contained what is to come, a new infinitesimal member, incarcerated and communal, from which their queen is queen and slave.

emblemático de la unidad del conjunto del reino, que identifica el reinado con las constelaciones de estrellas y con la sabiduría de los astrónomos. La reina tiene una posición que no guarda relación con la personalidad del rey, sino con formar colonias a partir del lugar que ella ocupa. El don de la reina está asociado a cómo abre en el espacio del tiempo, la dinámica del rotor, donde la colonia opera como madre, como hija, como abuela y como nuera. El rumor de la colonia comienza a verse desde dentro de los vientres. En vez de dirigir su mirada a las constelaciones de astros, la reina ve hacia el embrión del mundo en potencia donde se está gestando la colonia.

31. Al rey pertenece el derecho de disponer de las constelaciones que se asemejan en parte a la vastedad de su reino. Las reinas persiguen el establecimiento de los embriones, huevos y larvas, por eso en la colonia esencialmente nada es nuevo, y ya en la reina está conteniéndose lo que vendrá, un nuevo miembro infinitesimal, comunal y carcelario, del cual su reina, es reina y esclava.

VIII.

Hiena / Hyena

SOMETIMES THE FEELING OF GRANDEUR is not heard for decades, as the river appears to dry out to just a trickle and the flocks are decimated and separated, they cling onto it. But grandeur belongs to the desert and the torrential downpours falling on the season, intensified by adding an emphasized resounding remark. Mighty can be the monotonous dodging into the eternity, but grandeur is frail and jealous, and our grand misery is the barren breeding ground of the shepherds, who discover a hollow, but grandeur manages to be evasive, and when the world wants to be plenty and plenipotentiary itself, with him the earth will disagree.

EL SENTIMIENTO DE LA GRANDEZA a veces no se oye por décadas, cuando el río parece secarse y apenas un hilillo o unos rebaños diezmados y disgregados lo aferran. Pero la grandeza es la del desierto y la de las torrenciales lluvias que se dejan caer en la estación y la recrudecen poniéndole un énfasis rotundo. Grandioso puede ser el monótono cuando se soslaya en lo eterno, y la grandeza es frágil y celosa, y nuestra grandiosa miseria es la yerma ganadería de los pastores que descubren una hondonada, y la grandeza se las arregla para ser esquiva y cuando el mundo se quiere lleno y plenipotenciario, la tierra con él no se entiende.

IX

Rabo de nube / In the Eye of the Storm

«And the same happens with the waterspouts or windsocks, that in Cuba we call "rabos de nube" [cloud-tails], which are but tiny hurricanes. Las Casas spoke of her; "This windsock is like a cloud or a mist that rises from the sea towards the air, as thick as a vat or barrel, through which onto the clouds the water rises, twisting them like a whirlwind, when this occurs along the vessels, it drowns them and it is impossible to escape. They took, for a remedy, the prayers of Saint John`s gospel, and by this way they cut it and believed that they had escaped by divine virtue." Renè Francois would say that those whirlwinds or "rabos de nube" were Sea-dragons that would sink any ship if the sailors did not defend themselves, simulating combats, pounding the swords into cross, to drive them away».

Fernando Ortiz. *HISTORIA DE UNA PELEA CUBANA CONTRA LOS DEMONIOS*.

The statute of a miracle is the survivor, the one that ensues, the one that postpones, remaining and leaving the elements that divide the gaze from its objective. Yes, the instant of *life leftover* is released in a moment and an experience that does not comply neither grasp life leftover as a thing, instead, they let go of the yellow sun howling at the center of the amputation.

For an instant, the miracle seems unattended by the objective that the eye focuses on, but disaster corresponds with the world, giving place for debacles that develop like an excessive contemplation of immensity.

«Y lo mismo ocurría con las trombas o mangas de viento, que en Cuba decimos rabos de nube, las cuales no son sino huracanes chiquititos. Las Casas habló de ella: 'Esta manga es como una nube o niebla que sube de la mar hacia el aire, tan gruesa como una cuba o tonel, por la cual sube a las nubes el agua, torciéndola a manera de torbellino, que cuando acaece hallarse junto a las naos, las anega y es imposible escapar. Tuvieron por remedio decir el Evangelio de San Juan, y así la cortaron y creyeron por la virtud divina haber escapado.' René François, decía que tales torbellinos (o rabos de nube) eran dragones marinos, que hundirían cualquier barco si los marineros no se defendiesen simulando combates, golpeando las espadas en cruz, para ahuyentarlos».

Fernando Ortiz, *HISTORIA DE UNA PELEA CUBANA CONTRA LOS DEMONIOS*.

El estatuto del milagro es el del sobreviviente, el que sobrevendrá, el que se aplaza y permanece depositando los elementos que dividen la mirada de su objeto. Sí, el instante de la *sobrevida* se abre en un momento y una experiencia que no atienen ni aprehenden la supervivencia como una cosa, sino que sueltan el sol amarillo que brama al centro de la amputación.

Por un instante, el milagro pareciera quedar desatendido del objetivo al que se dirige la mirada, pero la catástrofe está correspondida con el mundo, dando lugar a la debacle que se desarrolla como una contemplación desmedida de la inmensidad.

Measures were not foreseen by this miracle of destruction? And this portion of being a slice of the share? One cut in what was amputated, hungry, but it is not no more? The valediction is burning. A departure where the portions are split. It does not graft the missing part, does not provide shelter, nor protect the fortunate encounter with the flame that burning, calls upon.

Deep lacerations is what we feel when we hear a language with no soul or body left, a strange tongue in which the hyenas come to gather. Why does the miracle of destruction exceed the nihilism that which poetry observes with sympathy and aberration? Would the miraculous moment not differ from the experience of a glance? The survivor gives rise to carted instances and interruptions, silences, craters and pits — sliced to share, but where he takes them, because if we follow his path, we will realize the survivor takes his place in a gathering that seizes him only to release him again, in order for him to circumnavigate the core of the amputation in which he has been an eyewitness.

Succinctly, *that*: the survivor is placed in a double cycle that works securing him with no security, and releases him without release. The carting of the survivor is one of those instants that return to instance. At the fundamental base of the gaze, the survivor examines a devastation that comes right on time with no anticipation. A demolition of vision and the object of contemplation. Life leftover in the eye of the storm.

¿El milagro de la destrucción no contempla medidas? ¿Una tajada de la parte y su ración de ser? ¿Una tajada en lo que estaba amputado y hambriento pero que ya no es? La despedida está encendida. Una despedida donde la ración está partida. No injerta la parte que falta, no la provee de cubiertas, no cubre el afortunado encuentro con la flama que llama.

Desgarramiento muy profundo es aquel que sentimos al oír una lengua donde no queda espíritu ni cuerpo, una lengua donde se dan cita las hienas. ¿Porqué el milagro de la destrucción excede al nihilismo al que la poesía mira con simpatía y aberración? ¿El momento milagroso no sería distinto a la experiencia de un ver? El sobreviviente acarrea instantes e interrupciones, silencios, cráteres y huecos — tajadas, pero dónde las lleva, porque si seguimos su recorrido, veremos que en el sobreviviente se da lugar una cita que lo agarra y lo vuelve a soltar para volver a circunnavegar el meollo de la amputación de la que ha sido un testigo presencial.

Simplemente eso: El sobreviviente se dispone en un doble movimiento que le fija sin fijar, y le suelta sin soltar. Acarreo de sobreviviente es el de los instantes volviendo a la instancia. En la base de la mirada, el sobreviviente examina una destrucción que llega a la hora sin anticipación. Una destrucción de la mirada y del objeto de la contemplación. Sobrevida en el rabo de la nube.

X.

Calibine / Calibine

In the forest the calibine[1] was buried and after, unburied. We don't exactly know what that funerary ritual was about. Could it be that in that moment the children returned to fowl, and no longer as before (when the instrument was exhumed and bear), the birds to children? Do the birds celebrate in the forest in which Riviére hides after committing the horrendous act?

What a strange celebration that of the songbirds singing of the parricide! Riviére used to hunt them all before everything would happen. Along the burial ritual, with the children, Pierre gradually conceives a just plan to free his father. Decanting his motives for vengeance along with his patience. Was he not inspired by the song of the birds?

It is to the bird that the children return like a dreadful pack of tiny creatures from the forest in which the burial sets them free once again, but this time with a memory of the song that reminds them that they too were once children and that they, like the parricide, could also soar.

Nothing of the bird has Riviére's noose[2] ; he resembles the enmity between fruit and birds. Was it not the mother of Riviére, the terrible figure of a houseplant, refusing to abandon the home? The weed that tormented the father? And was it not that same mother, the only mother that could have wished for parricide that the song of the birds had heard?

---

1 Calibine: An instrument to kill birds. See in Michel Foucault. *Pierre Riviére, Having Slaughtered My Mother, My Sister, and My Brother: A Case of Patricide in the XIX Century.*

2 Translator´s note: Noose was the translation from the Spanish word *horca* used in the original text, which can be interpreted as the whale (Orca) or like a noose at the gallows.

La Calibine[1] fue enterrada y después desenterrada en el bosque. No sabemos exactamente en qué consistió ese ritual mortuorio: ¿Sería que en ese momento volvieron los niños a los pájaros, y ya no como antes (y cuando el instrumento estaba insepulto y desnudo), los pájaros a los niños? ¿Es que en el bosque donde Riviére se esconde después de haber cometido el horrible acto, los pájaros celebran?

¡Qué extraña celebración la de los pájaros cantándole al parricida! Antes de que todo ocurriera Riviére los cazaba a ellos. Con el rito del entierro, con los niños, Pierre va lentamente concibiendo un plan justiciero para liberar a su padre. La paciencia y el motivo de la venganza se fueron decantando ¿no estaría inspirado por el canto de los pájaros?

Al pájaro vuelven los niños como bandas nefastas de pequeñas criaturas del bosque en que el entierro los vuelve a soltar, pero esta vez con un recuerdo del canto diciendo que alguna vez fueron niños y que llegaron a volar como los parricidas.

Nada de pájaro tiene la horca de Riviére, parece de más antaño una fruta enemistada con los pájaros. ¿No era la madre de Pierre la terrible figura de una planta que se resistía a abandonar la casa? ¿La hierba que atormentaba al padre? ¿Y no era esa madre la única madre que podría realmente desear tener un parricida que ha oído el canto de los pájaros? ¿No era acaso que de yerbas vivía Riviére en los caminos como un vagabundo?

---

1 Calibine: Instrumento para matar pájaros. Michael Foucault, *Yo Pierre Riviére habiendo degollado a mi madre, a mi hermana y a mi hermano. Un caso de parricidio del siglo XIX.*

Was it not the case that Riviére lived off the herbs growing by the road, like a vagabond?

Enmity was the rapport of the birds with the tree. Pecking was it not, what these horrible incidents were truly composed of? And through pecks was it not how Pierre concocted his plan of action?

Peasant essence is that of the birds, who of tilling, know nothing, and it all seems inspired by the rapacious quality which steals away the fruits and nests, vociferating every which where.

Enemistad la del pájaro con el árbol. ¿Es que no ocurrieron todos los horrendos hechos a verdaderos picotazos? ¿Y a picotazos no urdió Pierre el plan y la acción?

❋

Labriego espíritu el de los pájaros que de cultivar no saben nada y todo parece inspirado en la cualidad de los rapaces que se llevan los frutos y luego anidan vociferando por doquier.

XI.

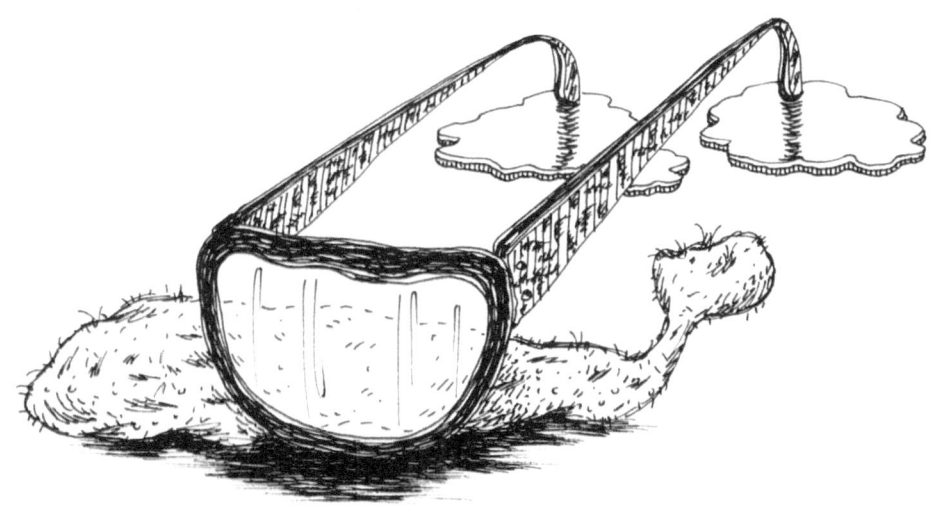

Kasería[*] / Kaseria[*]

«To be short, the whale is a spouting fish with a horizontal tail. There you have him. However contracted, that definition is the result of expanded meditation. A walrus spouts much like a whale, but the walrus is not a fish, because he is amphibious. But the last term of the definition is still more cogent, as coupled with the first. Almost anyone can have noticed that all the fish familiar to landsmen have not a flat, but a vertical, or up and down tail. Whereas, among spouting fish the tail, though it may be similarly shaped, invariably assumes a horizontal position».

MOBY-DICK

The cyclopes hunt the panther, then the whales, who are cyclopes, will hunt men, then man and the panther will unfurl another home for the hunt of shipwrecked islands.

What in the whale is sustenance, in the outlaws and harpooners is a search for the gaze of the cyclops who returned to the sea. The harpooners search at the heart of the enemy creature for the white knife of heated blood.

---

* Translator's note: *Kasería* is a made-up word, a hunting-image playing with the meanings of the Egyptian-double *Ka* (is the dual, twofold-one that connects the actual living creature with the realm of the other, and the dead), *casa* (home), *caza* (hunt), and *sería* (would be dealing with ego and being). In *Kasería* and in the next apartado, as we will see, the text recreates the passage of time, the disappearing and fading away of the whale, the emblematic figure of the specter, the body and also the eye of the cyclops. Eye can be interpreted as I (the ego).

«To be short, the whale is a spouting fish with a horizontal tail. There you have him. However contracted, that definition is the result of expanded meditation. A walrus spouts much like a whale, but the walrus is not a fish, because he is amphibious. But the last term of the definition is still more cogent, as coupled with the first. Almost anyone can have noticed that all the fish familiar to landsmen have not a flat, but a vertical, or up and down tail. Whereas, among spouting fish the tail, though it may be similarly shaped, invariably assumes a horizontal position».

MOBY-DICK

Los cíclopes cazan a la pantera, después las ballenas que son cíclopes cazarán a los hombres, y el hombre y la pantera desplegaran otra casa para la casería de las islas que naufragan.

Lo que en la ballena es alimento, en los forajidos y arponeros es una búsqueda tras la mirada del cíclope que al mar ha vuelto. Los arponeros buscan en el corazón de la criatura enemiga el cuchillo blanco de sangre caliente.

---

* KA: El doble que sigue siendo en la muerte. SERÍA: Condicional incondicionado.

XII.

El Canto de las Ballenas / The Cry of the Whales

There are, that's right, plenty of ways of disappearing, such as coming back pointing at him, without him naming you, and without being named by it, and to disappear by leaving your insides open, so as to pass through the threshold of an insomniac, who while dreaming sputters out like fire, the flame that returns is death that loves in order to die. In between that death and this life it will come back, only to disappear.

Hay, es cierto, hay tantas formas de desaparecer, como volver apuntándole a él y no nombrarte y que no te nombren, y desaparecer dejando abiertos tus adentros, para ingresar al umbral de un insomnio que cuando sueña decrepita, como el fuego, vuelve la flama que es muerte que ama para morir. Entre esa muerte y esta vida, se vuelve sólo para desaparecer.

Rodrigo Naranjo / (Santiago de Chile, 1971)

About the Author

Writer and Poet. He studied Sociology at UAHC (Academy of Christian Humanism University, Santiago), continuing his postgraduate studies at the University of Pittsburgh where he received a Ph.D. in Latin American Literature. He became a professor of Latin American Philosophy, Literature and Thought at the ex-Pedagógico in Santiago, Chile. He co-directed the publication of the Anales de Desclasificación Comparada. He has translated, edited and published various essays and commentaries in academic and literary journals such as Archivos de Filosofía, Papel Máquina, Escrituras Americanas and Mar con Soroche, among others. To the date, he has written the following books: Para desarmar la narrativa maestra, un ensayo sobre la Guerra del Pacífico (2011) and Descabellado ¿Qué es eso?: La dinámica del cautiverio (2016). In prose and poetry: La Muerte y la Figura (2005) and Apartados, la máquina de tortura del testigo de los alimentos (bilingual edition in Spanish-Portuguese, 2011). He lived in the United States for almost a decade and currently resides in Santiago.

Acerca del Autor

Ensayista y poeta. Estudió Sociología en la UAHC, siguió sus estudios de posgrado en Literatura Latinoamericana en la Universidad de Pittsburgh donde recibió su doctorado y se desempeñó como académico de Filosofía, Literatura y Pensamiento Latinoamericano en el ex–pedagógico. Co-dirigió la publicación de los Anales de Desclasificación Comparada. Ha traducido, editado y publicado diversos artículos y comentarios en revistas académicas y literarias como Archivos de Filosofía, Papel Máquina, Escrituras Americanas y Mar con Soroche, entre otras. A la fecha ha escrito los libros: Para desarmar la narrativa maestra, un ensayo sobre la Guerra del Pacífico (2011) y Descabellado ¿Qué es eso?: La dinámica del cautiverio (2016). En prosa y poesía: La Muerte y la Figura (2005) y Apartados, la máquina de tortura del testigo de los alimentos (edición bilingüe en Castellano-Portugués, 2011). Por casi una década vivió en Estados Unidos y actualmente reside en Santiago.

Postscript Thanks

It is not very common for children to translate their parents' work, but I must say that this book has had that luck. It opens a process of communication and permanent questioning in regards to what is known as familial territory, the common tongue and the place of images; approaching through this open and inconclusive relationship to fragmentary landscapes and disturbing territories that come out and populate the experiences of the Chilean post-dictatorship. I commend and thank the endeavour and care that Yoka has taken in the english translation of this little demon, for me it is truly a gift that I receive with all the emotion, complicity and affection as always. I also am grateful to Donovan for the new cover, my friend Jorge for authorizing the reedition of the illustrations that are integrated into the body of the book, and to the editorial El Sur es America for all the work they have done to make this new bilingual edition of Apartados.

Posdata de agradecimientos

No es muy común que los hijos traduzcan a sus padres, pero debo decir que este libro ha tenido esa suerte, abriendo un proceso de comunicación y cuestionamientos permanentes respecto de cuál es el terreno familiar, el lenguaje en común y el lugar de las imágenes; acercándonos por medio de esta relación abierta e inconclusa a paisajes fragmentarios y territorios inquietantes que salen y pueblan las experiencias de la post-dictadura chilena. Saludo y agradezco el empeño y el cuidado que ha puesto Yoka en la traducción al inglés de este pequeño demonio, para mi es un verdadero regalo que recibo con la emoción, la complicidad y el cariño de siempre. Agradezco también a Donovan por la nueva portada, a mi amigo Jorge por autorizar la reedición de las ilustraciones que integran el cuerpo del libro, y a la editorial El Sur es América por todo el trabajo que se dieron para contar con esta nueva edición bilingüe de los Apartados.